T5-BPZ-979

WALTER FUENTES

LA NOVELA SOCIAL EN CHILE (1900-1925):
IDEOLOGIA Y DISYUNTIVA HISTORICA

INSTITUTE FOR THE STUDY OF IDEOLOGIES AND
LITERATURE
SERIES
TOWARDS A SOCIAL HISTORY OF HISPANIC AND LUSO-
BRAZILIAN LITERATURES

Published by the Institute
for the Study of Ideologies and Literature
3840 Sheridan Av. S.
Minneapolis, MN 55410

Editor in Chief: Hernán Vidal
Assistant Editors: José Cerna-Bazán & Gustavo Remedi

First Edition

Library of Congress Cataloging-in-Publication Data
Fuentes, Walter.
    La novela social en Chile (1900-1925): ideología y disyuntiva histórica /
Walter Fuentes, --1st ed.
      p.   cm. -- (Series Towards a social history of Hispanic and Luso-
Brazilian literatures)
    Includes bibliographical references and index.
    ISBN 1-877660-06-X
    1. Chilean fiction--20th century--History and criticism. 2. Literature and
society--Chile--History--20th century. 3. Realism in literature. I. Title II.
Series: I&L (Series)
PQ8003.F8 1990
863--dc20

90-22111
CIP

Para Andrew y Rodrigo

RECONOCIMIENTOS

La publicación de este libro se hizo posible gracias al apoyo económico que me brindó el College of Charleston. Deseo expresar mi reconocimiento particularmente al Research and Development Committee del Departamento de Lenguas, al Faculty Research and Development Committee y al profesor Conrad Festa, Vicepresidente de dicha institucion.

Por su estímulo constante, su apoyo y los comentarios críticos que hizosobre el texto, mi gratitud vaya para Juan Villegas, amigo, antiguo profesor y compañero de "hazañas futbolísticas". Fue él quien dirigió este estudio en su versión primera, presentado como tesis doctoral en la Universidad de California, Irvine.

En la preparación del manuscrito, Francisca Silva realizó una excelente labor. Ella fue además siempre generosa con su tiempo para detectar errores e inconsistencias en la redacción. Por esto, por su amistad y por más de un dolor de cabeza que le causé, un reconocimiento muy especial.

Debo también agradecer la eficiente y valiosa colaboración de Nancy Rentier, secretaria del Departamento de Lenguas del College of Charleston. Ella le dedicó muchas horas de trabajo a la preparación final del manuscrito.

A Elba Andrade, mi esposa y compañera, mi gratitud por su cuidadosa lectura crítica, sus sugerencias y su apoyo incondicional en todo el proceso que significó la realización de este estudio.

Aunque las imprecisiones y debilidades que contienen estas páginas tal vez no hagan justicia a todo lo que él me enseñó, quisiera reconocer en ellas la presencia de mi antiguo profesor, Andrés Diez-Alonso. La deuda intelectual que tengo con él sería imposible de resumir en unas cuantas líneas. Dejemos, sin embargo, una enseñanza en claro que remite más bien a la esfera de lo ético: con él aprendí a percibir la práctica crítico-teórica en la literatura como una actividad humanizadora y liberadora del ser humano.

CONTENIDO

INTRODUCCION   11

CAPITULO 1
Las bases socio-históricas e ideológicas del movimiento
reformista   19

CAPITULO 2
El Roto: los sectores populares y la articulación ideológica
de un proyecto regenerativo   57

CAPITULO 3
El Crisol y *Robles, Blume y Cía*: el héroe reformista como
guía y modelo reordenador de la sociedad   89

CAPITULO 4
Casa Grande: Axiología naturalista e historización de la
oligarquía chilena   127

BIBLIOGRAFIA   163

INTRODUCCION

Hay cuatro novelas chilenas publicadas en los primeros veinticinco años del siglo que se orientan hacia un realismo valorado por la historia literaria en virtud de su "objetividad documental" y sensibilidad ético-denunciativa frente al trasfondo social del período. Nos referimos a *Casa Grande* (1908) de Luis Orrego Luco, *El crisol* (1913) y *Robles, Blume y Cía* (1923) de Fernando Santiván y *El Roto* (1920) de Joaquín Edwards Bello. El rasgo señalado sobre estos cuatro relatos se hace extensivo hacia toda una tendencia fácilmente captable en la novelística de esos veinticinco años. Así, junto a estas obras se pueden mencionar, entre otras, *Idilio Nuevo* (1900) de Luis Orrego Luco, *Juana Lucero* (1902) de Augusto D'Halmar, *Los Trasplantados* (1904) de Alberto Blest Gana, *La obra* (1911) de Tancredo Pinochet, *Romance de un agitador de pueblo* (1914) de René Brickles y *Palomilla Brava* (1923) de Víctor Domingo Silva.

La crítica, por lo general, ha ubicado a los textos que conforman esta tendencia en el marco de la corriente naturalista y categorizado bajo esquemas generacionales o conformaciones estético-temáticas de acuerdo a tal o cual aspecto de la realidad social narrada. En estudios específicos o generales de la novelística, sea chilena o latinoamericana aparecen, por tanto, consideradas dentro del criollismo, mundonovismo, regionalismo, para indicar las denominaciones más frecuentemente utilizadas.

Independiente al valor estético que se les asigna a estas novelas, la sensibilidad ético-denunciativa ha sido reiteradamente vinculada a una postura reivindicadora del mundo popular y a una representación crítica del espacio oligárquico, connotado en la vieja aristocracia chilena. De una manera u otra, las novelas mencionadas caen bajo esta categorización, revelando una o ambas de estas perspectivas.

Percibido como un verdadero espíritu de época, la actitud de compromiso con los sectores marginados de la sociedad ha llevado a valorar a muchas de estas obras en función de su carácter testimonial de la miseria e injusticias a que se ve sometido el obrero, el campesino o el habitante de los sórdidos arrabales de la ciudad. De hecho, en el desarrollo de la novelística chilena, a los escritores que conforman esta tendencia se les suele entregar el mérito de haber incorporado a la literatura del país al personaje popular, ya no con la función meramente pintoresca o decorativa que había tenido hasta ese entonces, sino como personaje activo —héroe o protagonista— de la narración. Domingo Melfi, por ejemplo, al considerarlos dentro de la Generación de 1900, concluye lo siguiente:

> La generación de 1900, pues, marca en la literatura un signo de singular conciencia literaria. Desde luego, porque confirió al hombre llamado de abajo una ejecutoria y una dignidad estéticas, que antes sólo por excepción le fue otorgada por algunos escritores del siglo XIX[1].

Para algunos críticos de la literatura de esa época, el compromiso que aquí mencionamos es signo de una postura renovadora e incluso revolucionaria. Tal es el caso de Lautaro Yankas cuando contextualiza dicha idea en relación a las influencias extranjeras que recibieron los autores:

> existieron aportes extraños que hallaron en los grupos avanzados el eco propicio a la renovación, en la línea de las afirmaciones revolucionarias y justicieras: la influencia de algunos escritores rusos, cuya lectura en Chile abría un mundo de sugerencias y de posibilidades casi mesiánicas en el espíritu de aquella generación...[2].

La práctica de un realismo en contrapunto al exotismo-extranjerizante impuesto por la estética modernista es una categoría tendencial que también se hace expresión de esta postura frente al mundo popular. De manera que la presencia de este sector, tanto en la configuración de tipologías humanas como en los espacios sociales y geográficos que ocupan, se transforma en el elemento más significativo de un realismo que busca "descubrir" —o dar testimonio de— las "esencias" nacionales.

Dentro de la perspectiva expuesta, los orígenes de esta peculiar voluntad por documentar la vida popular se suele fijar a los cuentos de Baldomero Lillo publicados en 1904. A dicha tendencia se pueden incorporar *El Roto, El crisol, Robles, Blume y Cía, Palomilla Brava, Romance de un agitador del pueblo* y *La obra*.

Como se señalara antes, la representación crítica de la vieja aristocracia es otro rasgo que se ha observado como elemento caracterizador en varios de estos relatos. Generador de la conflictividad social, especialmente en situaciones donde aparece en tensionamiento con el mundo popular, la oligarquía se constituye en un *status quo* opresor, decadente y retrógrado. Ello, en cuanto a material novelesco, es visto también en proyección de signo de una época. Al respecto, Yankas, sostiene:

> El escritor colocado por su condición de trabajador frente a una casta [la oligarquía] devota de sus privilegios y de su misión divina sobre una tierra esclava, no necesitaba forjar su pupila para fijar en el cortejo de injusticias, de soberbia, de corrupción y de estupidez de que hacía gala[3].

La visión crítica de la oligarquía se recoge en las dos novelas de Orrego Luco, *Idilio nuevo* y, particularmente, *Casa Grande*. Asimismo, se encuentra en *Juana Lucero, Los Trasplantados, El crisol, Robles, Blume y Cía* y *El Roto*.

En tanto caracterizan elementos tendenciales de un período literario, no hay duda que las observaciones de Yankas y Melfi son acertadas. No obstante, sus comentarios, al considerarlos dentro de un *corpus* crítico generalmente representativo, se hacen descontextualizados de una dimensión histórico-ideológica que permita ver la especificidad de los textos en cuanto a representaciones comprometidas con determinados intereses de clase. Por ello, la esencia "crítica", "denunciativa" y "reivindicadora" frente al mundo, se constituyen en categorías casi ideales, abstractas en el mejor sentido de la palabra. Sorprende todo esto porque nos encontramos, en la mayoría de los casos, ante obras fuertemente ideológicas e ideologizantes. De aquí, creemos, se explica igualmente el excesivo énfasis que se pone en valorar los textos en virtud de su función "objetiva" para documentar la época, evitándose aludir, por ejemplo, a la ingenuidad narrativa que revelan, donde en la lógica de lo tésico-maniqueo recae la llamada objetividad documental.

La aparición de estas novelas coincide con uno de los períodos fundamentales del desarrollo histórico chileno. Epoca de crisis y profundas transformaciones en la estructura político-social del país, el viejo modelo de dominación impuesto por la oligarquía terrateniente entra en una fase de descomposición, abriéndole las puertas a un movimiento de carácter reformista que se postula disociado de la imagen opresora del régimen oligárquico y como única alternativa posible para una sociedad que se veía social y moralmente perturbada por las luchas de clases.

Con la elección de Arturo Alessandri Palma en 1920 se consolida el ideario social y político de dicho movimiento. El hegemonismo de los terratenientes es reemplazado por un modelo de dominación de contenido distinto, cuya base político-ideológica se articula en la conciliación entre trabajo y capital como fundamento para conseguir la llamada "paz social". El proceso democratizante que se inicia con Alessandri no responde meramente a un período coyuntural, sino que tiene carácter permanente al objetivarse en forma y contenido en una redefinición del aparato estatal, lo cual es respuesta al mismo proceso de modernización estructural en que entra la sociedad chilena, a la emergencia organizada de la clase obrera y a la presión efectiva que ejercen las capas medias.

Dando origen a lo que comúnmente se conoce como la "cuestión social", hacia fines del siglo XIX, un importante sector de la intelectualidad liberal empieza a llamar la atención sobre la necesidad de introducir reformas para mejorar las condiciones de miseria y abyección social reinante entre los sectores populares. Grupo avizor, estos intelectuales, se dan cuenta que la presencia organizada de la clase obrera se constituía en el factor de mayor trascendencia para la futura estabilidad del sistema. Formados en el positivismo, ellos interpretan las posiciones revolucionarias, germinales ya en el movimiento obrero, como fuerzas propugnadoras del caos y anarquía, las cuales atentaban contra el orden evolutivo de la sociedad.

En el evolucionismo teórico, pues, se construye el pensamiento social y político de esta intelectualidad. Sobre ello también se justifica la postura crítica frente al régimen oligárquico percibido como retrógrado. De tal manera que el evolucionismo se conforma en posición de centro ideal en medio de dos polaridades rechazables: revolución y retrogradación.

La teorización de la problemática social, entendida en el marco de esta disyuntiva, vincula al movimiento reformador con el centrismo histórico cuyas raíces se encuentran en Europa con la aparición del positivismo comtiano. La esencialidad ideológica del movimiento que más tarde da expresión al alessandrismo se fundamenta en dicho centrismo.

El movimiento reformista, por consiguiente, lo postulamos en el contexto de una situación histórica global determinada por el rasgo concreto que adquieren las contradicciones de las clases o sectores de clase. Creemos que los elementos tendenciales de las novelas nombradas —actitud de compromiso con el mundo popular y postura antioligárquica— se reproducen como respuesta a ese medio relativamente coherente que es la situación histórica global. Y en la medida que las obras se constituyen en respuesta a ello, se configuran en una práctica social definida por las contradicciones de clase, donde yace la actitud "comprometida" y la esencialidad ideológica que organiza, en forma y contenido, la peculiar forma de representar lo social. En suma, la aprehensibilidad de lo social, especialmente en relación a los rasgos tendenciales señalados, la entendemos dentro de la fisonomía específica que adquiere esta práctica social —por ende, posición de clase— que aquí situamos bajo el término "reformismo."

Es evidente que la concepción de la disyuntiva histórica, tal cual fue entendida por el reformismo, vale decir, la antinomia revolución-retrogradación y la evolución como centro ideal entre esas dos polaridades, es el esquema donde subyace la perspectiva frente a los espacios sociales fundamentales de estas novelas. A partir de esto, mantenemos, se pueden entender asimismo los conflictos, configuración de personajes, axiología del narrador y estructura narrativa.

Estamos de acuerdo con Cedomil Goic cuando afirma que el "positivismo es el naturalismo en la novela."[4] Visto el naturalismo de esta manera —hecho frecuentemente obviado por la crítica— resulta que es más que una modalidad literaria. Por consiguiente, en relación al período mencionado, la esencia evolucionista de esta doctrina, no sólo es el sostén de un centrismo político, sino es parte de una visión de mundo constitutiva de un sector de clase que abarca la totalidad de lo social, tanto en la esfera de lo teórico como lo práctico. En otras palabras, se convierte en base ideológica de un pensamiento y práctica que busca organizar la sociedad a través de una concepción del Estado, de la relación trabajo-capital, de la propiedad, de la función que deben tener las clases sociales. Y, por supuesto, ello ocurre en la esfera de la cultura en todas sus manifestaciones como son, por ejemplo, la educación y la producción literaria. Al plantearse este pensamiento como fuerza renovadora, progresista y resolutiva de la conflictividad social, su contenido de clase se sublima en una actitud pretendidamente ética y desinteresada en favor de los sectores populares.

La funcionalidad ideologizante que tiene el discurso social de algunos de estos relatos deviene del mismo proyecto histórico que envuelve al reformismo, o sea, quitarle al movimiento obrero su carácter revolucionario, interpretado como signo de anarquía o factor desquiciante de la sociabilidad. Ello subyace fundamentalmente en la tipificación de un personaje popular limitado a la primariedad de los instintos y en cuya situación de marginado social se inscribe de manera latente la violencia como reacción "natural" a un medio social insensible. De tal manera, el discurso reivindicacionista se transforma en una especie de advertencia-llamado a la regeneración de esta bestia-hombre. Es por esto, asimismo, que la educación de los sectores populares, debate candente en la época, adquiere desde el punto de vista temático especial relevancia en los relatos.

La tipologización del personaje popular, limitado a los instintos, obviamente proviene de la concepción tésico-maniquea que impone el naturalismo, pero también esto es coherente con una visión de mundo donde la gestión de cambio debe ser construída "afuera" del espacio popular. Vale decir, los personajes no experimentan un proceso de autoconocimiento real que los lleve a comprender las condiciones objetivas de su existencia, tampoco, en consecuencia, hay en ellos una dialéctica trasformadora a partir de sí mismos.

Naturalismo y discurso reivindicacionista en estas novelas constituyen categorías inseparables que se homologan en un sistema valórico apologético de la concepción positivista: lucha por la vida, sobrevivencia del más fuerte, individualismo económico, sublimación del *homo economicus* o del *self-made man*.

En esta práctica axiológica se debate el destino de los personajes populares. Sus tragedias individuales aparecen así proyectadas en una especie de desvalidez ante este "nuevo conocimiento del mundo" y en ello se formula la necesidad de su reeducación o regeneración. La crítica a la vieja oligarquía, también, se da en el contexto de esta axiología. Su esencia retrógrada radica en la mantención de un mundo jerarquizado en tensionamiento con la "verdad científica" que impone el orden evolutivo.

En el marco de estos planteamientos generales concebimos el análisis de *Casa Grande, El crisol, Robles, Blume y Cía* y *El Roto*. Las cuatro novelas fueron seleccionadas en base al grado de vinculación con el fondo histórico-teórico que se expone en el primer capítulo, especialmente en relación a la segunda parte dedicada a definir las bases ideológicas del reformismo. La disposición de los tres capítulos siguientes no tiene en cuenta el orden cronológico de publicación de cada texto. La organización capitular responde más bien a un criterio metodológico que tiene como fin entregar una visión de conjunto, estableciendo explícita o implícitamente a través del proceso de análisis homologías o en algunos casos aspectos contrastivos.

A la novela de Edwards Bello se le considera primero por cuanto revela la esencia ideológica del discurso reivindicacionista frente al mundo popular: reformar antes que la bestia-pueblo reaccione violentamente para poner en peligro la integridad de toda la sociedad. El análisis se hace tomando como recurso literario el motivo de la cacería a través del cual se virtualiza dicha concepción en la vida y el crimen que perpetra el protagonista.

El crisol y *Robles, Blume y Cía* se analizan como textos integradores del mundo axiológico del reformismo, lo cual se realiza fundamentalmente por medio de la figura idealizada del héroe. Las virtudes que él encarna surgen en función de modelos resolutivos de conflictividad en evidente homología a la problemática histórica. En su constitución demagógico-sublimal, dispuesta entre la retrogradación de la vieja oligarquía y el discurso "anárquico" de las clases populares, se levanta como centro ideal entre esas dos polaridades. Ello aparece funcionalizado en una práctica de clase configuradora del *self-made man*, representación ideal del individualismo económico, lucha por la vida, sobrevivencia del más fuerte, defensa de la propiedad privada. Concepciones valóricas que resultan, por un lado, antinómicas a la realidad jerarquizada de la vieja oligarquía y, por otro, al colectivismo utópico que en algún momento de la narración se plantea como resolución a la problemática social.

Con *Casa Grande* el estudio se enfoca en mostrar la visión social que explica la decadencia de la oligarquía, tal

18

como la entendió el reformismo: sus causas históricas y atávicas, y las formas como dicha decadencia se percibió. Plano del análisis, aunque explícito, que no fue agotado por la crítica y, más importante aún, no fue llevado a la esfera de lo ideológico. Concluimos que la postura crítica frente a este sector social se sostiene en el positivismo. En este contexto, se ubica la práctica decadente de los personajes y sus tragedias individuales. La conflictividad, por consiguiente, emana de la oposición entre visión cientifista (sinónimo de progreso) y el desconocimiento que de ella ejercen los personajes. De aquí nace la impugnación a hábitos o actitudes frente al trabajo humano, que se fabula en un modo de vida caracterizado por el ocio, el derroche, el lujo y la "fortuna mal ganada". Como contrapartida a estas prácticas, otra vez, se erige la figura del *homo economicus*. En él se conjugan los valores del reivindicador social: el nuevo hombre que reclama la comunidad humana.

Las cuatro obras, al inscribirse dentro de la tradición crítica que ya señalamos y en el plano de una tendencia en la historia de la novela social chilena con rasgos de relativa homogeneidad en el ámbito de lo ideológico, tienen para nosotros el carácter de ser representativas. No obstante, sin la existencia de un estudio a fondo sobre el conjunto de los otros textos, sólo las presentamos con validez hipotética. Es decir, las postulamos como "posibilidades" o puntos de inicio para otros análisis que vuelvan a retomar el interés por un período que tiende a ser marginado del quehacer crítico contemporáneo, o enfocado en relación con categorías generales y no contextuales en el marco específico de lo histórico-ideológico.

NOTAS

[1]Domingo Melfi, *Estudios de literatura chilena* Santiago: Nascimento, 1938, p. 83.
[2]Lautaro Yankas, "Literatura chilena de contenido social", *Atenea*, enero-marzo 1941, p. 120.
[3]Ibid, p. 119.
[4]Cedomil Goic, *Historia de la novela hispanoamericana*. Valparaíso: Ediciones Universitarias, 1972, p. 105.

I. Las bases socio-históricas

En medio de un contexto histórico de profunda crisis y de importantes cambios en la estructura social y política del país asume la presidencia de Chile en 1920 Arturo Alessandri. El colapso de la economía del salitre, la presencia combativa y organizada del proletariado, la emergencia de las capas medias en la lucha social, el pauperismo creciente entre los sectores populares son algunos de los factores que remueven el ambiente de relativa estabilidad que había caracterizado el desarrollo socio-político desde el gobierno portaliano. El viejo modelo de dominación impuesto por la oligarquía terrateniente entra en una etapa de desgaste, mostrándose incapaz de ofrecer soluciones en consonancia con la fisonomía que toma la sociedad chilena de esos años.

Apoyado por las capas medias y el grueso de la clase obrera, Alessandri entró en escena como el exponente máximo de un nuevo modelo de dominación basado en el impulso de una serie de reformas de carácter reivindicativo que, en apariencia, estaban destinadas a aliviar las condiciones de vida de las masas populares. En términos políticos, su programa significó una alternativa de los sectores dominantes para neutralizar las tensiones de clase en una coyuntura en que el proletariado adquiría cada vez más, a través de sus organizaciones, una conciencia clasista. La Constitución de 1925 vino a ser la legitimación jurídica de este nuevo modelo de dominación, cuyos componentes ideológicos son postulados ya a fines del siglo XIX por importantes sectores de la intelectualidad de tradición liberal, adheridos principalmente en torno al ideario del radicalismo chileno.

El modelo de dominación política imperante en Chile desde el gobierno de Portales hasta 1920 estuvo basado en la hegemonía de la oligarquía terrateniente sobre el control del Estado y sobre el resto de las clases dominantes[1]. Tanto la burguesía minera como comercial no representaron una amenaza objetiva al tutelaje de los terratenientes afincados en el Valle Central. La base económica del dominio de los terratenientes se sustentó originalmente en una economía de mercado exportadora de productos agrícolas a los centros manufactureros, la cual tuvo su punto más alto con el auge de las exportaciones de trigo a California y Australia entre las décadas de 1840 y 1860.

Es de importancia notar que el dominio oligárquico no estuvo ligado a la supremacía de la actividad comercial agrícola, por el contrario, durante todo el siglo XIX fue la industria extractiva minera el núcleo central de la economía chilena y la principal fuente de ingresos para el Estado. Hecho que se puede constatar tomando estadísticas del monto de las exportaciones para el tercer trimestre de 1850, época, no olvidemos, que coincide con el *boom* de las exportaciones de trigo a California. El total de las exportaciones para ese trimestre fue de $2.834.730. La agricultura aportó $658.038, menos de un cuarto del total. La minería se distribuyó de la siguiente manera: cobre $748.978, más de un cuarto, plata $1.175.557, equivalente a casi la mitad del total; oro, $262.157[2]. Según Marcelo Segall: "Esta cifra es la corriente en la época. Todas dan a conocer el predominio cuantitativo de la minería en los ingresos nacionales"[3]. Señalemos, también, otro dato importante: entre 1850 y 1875 Chile fue el principal abastecedor cuprífero en el mundo.

Si se viese en forma mecánica el proceso productivo chileno en esta etapa formativa y su relación con la estructura dominante, se podría suponer que la clase dirigente es la que detenta el mayor poder económico, en este caso específico el sector minero; sin embargo, como ya se ha planteado, son los terratenientes los que se arrogan dicho papel. La respuesta a esto radica, sin lugar a dudas, fundamentalmente, en las diferencias de los dos tipos de actividades económicas. Segall, ya antes mencionado, en su excelente libro *Desarrollo del capitalismo en Chile*, se refiere a esto con el siguiente comentario:

> los latifundistas poseían una característica que los hacía imbatibles: su unidad. La propiedad agraria da a su poseedor una seguridad constante, una productividad más o menos permanente; en resumen, estabilidad[4].

En cambio, continúa el mismo autor:

La industria minera no es una fuente fija y permanente de producción: depende de la capacidad natural del yacimiento. El capital industrial, colocado en la minería para tener una inversión fija, debía transformarse de simple industria extractiva en industria transformadora. Es decir, el industrial minero debía transformarse en industrial fabril[5].

Hay otros factores que deben considerarse como decisivos en la consolidación del dominio agrario. La producción agrícola, concentrada en el fértil Valle Central, permitió a los terratenientes un acercamiento estratégico al centro de poder estatal ubicado en Santiago[6]. La propiedad de la tierra, además, les daba el control de las provincias y del campesinado como una base social de apoyo permanente, a la cual se podía manipular política e ideológicamente en forma efectiva. Todo esto, les creaba una situación ventajosa para usar el cohecho electoral y asegurar la representación política en el congreso; por ejemplo, durante la llamada República Parlamentaria dicha práctica adquirió caracteres de verdadera institución.

El gran acierto de Portales consistió en captar este elemento de cohesividad de clase de los terratenientes, es decir, usando las palabras de Aníbal Pinto, "...detectó donde residía el poder efectivo..."[7] para organizar en torno a ellos un estado fuerte y estable. La ausencia de una etapa de anarquía y caudillismo y la continuidad del sistema institucional como peculiaridad chilena, dentro del contexto latinoamericano, debe entenderse, a nuestro modo de ver, teniendo como eje de análisis este planteamiento.

Afectados sus intereses por la práctica de financiar el gasto público con altos impuestos asignados a la exportación de minerales, el sector minero, alineado ideológicamente con el liberalismo, intentó en 1851 y 1859 romper la hegemonía de los terratenientes. Ambos conatos de guerra civil fueron rápidamente sofocados por el ejército del gobierno. La organizada en 1859 por el rico minero Pedro León Gallo buscaba directamente substituir el congreso dominado por los terratenientes por una asamblea constituyente elegida popularmente. Esta propuesta de reforma política tiene un valor histórico importante porque los mineros lograron el apoyo de las clases populares urbanas y de núcleos de la clase obrera minera.

A simple vista resulta contradictorio, por lo dicho hasta el momento, que dos años después de la derrota del ejército de Pedro León Gallo, se inicie en Chile un período conocido tradicionalmente como República Liberal (1861-1891) a cuya cabeza, supuestamente, estuvo el Partido Liberal. Lo más significativo de este período fue el debilitamiento del poder presidencial a través de una reforma que establecía la elección de presidente cada cinco años en lugar de diez, como estaba estipulado en la Constitución de 1833. La República Liberal no fue expresión de cambios en la estructura de poder, como es a menudo presentado por las historias tradicionales, sino el resultado de adecuaciones hechas por las clases dominantes ante la realidad del proceso productivo y político.

Durante la crisis de los años 50 aparecieron las figuras de Francisco Bilbao y Santiago Arcos como líderes de un movimiento socialista utópico de matiz democrático-popular. El movimiento supo atraer y politizar en torno a su doctrina a numerosos obreros y artesanos, creando un ambiente de agitación popular que le resultaba peligroso a las clases dominantes. Económicamente, los intereses de la burguesía comercial y la oligarquía estaban unidos por los beneficios que les aportaba la economía del sector exportativo, en este sentido el debilitamiento del poder ejecutivo fue parte de un esquema más amplio: el abandono del Estado intervencionista impuesto por Portales, imponiendo en su lugar la política del *laissez faire*, sistema que aliviaba a los tres sectores dominantes de los altos impuestos pagados por derechos de importación[8].

En suma, la República Liberal es expresión de una alianza entre los sectores dominantes y no el resultado del triunfo de una propuesta que haya significado un avance cualitativo en la democratización del país. Planteamiento que ha sido constado por varios investigadores que han superado el historicismo de orientación superestructural. Por ejemplo, los autores de *Chile: The State and Revolution* corroboran lo que hemos estado exponiendo en relación a la República Liberal:

> El resultado fue un compromiso: los vínculos existentes entre la oligarquía, minería y comercio, fueran vínculos económicos o de familia, habían llegado a ser ya demasiado estrechos para que una guerra civil resultara beneficiosa, y ningún sector de la burguesía se mostraba contenta de la creciente radicalización que sus propias disputas parecía provocar entre los mineros y los artesanos urbanos. El resultado fue una cuidadosa extensión del control político de

la vieja *elite* hacia nuevos sectores de la burguesía, y la imposición de una política de *laissez faire*[9].

Es importante destacar que el estrechamiento de los vínculos de las clases dominantes, sea a través de intereses económicos o familiares, fortaleció principalmente, tal como lo señala la cita anterior, a la oligarquía terrateniente ("la vieja *elite*"). Fue una fusión con la preponderancia del elemento más fuerte. La clase política dirigente seguía entroncada en los terratenientes del Valle Central[10].

El progresivo debilitamiento del Estado como gestor económico fue nefasto para la incipiente industria chilena, cuya actividad de más importancia la tuvo en el sector fundidor cuprífero. La gran crisis de las exportaciones en la década del 70 trajo consigo el colapso de la economía chilena, afectando a todos los grupos exportadores. Hipotéticamente sólo una acción decisiva del Estado pudo haber creado las condiciones favorables para consolidar una infraestructura fabril, lo cual estaba supeditado a la introducción de nuevas técnicas de producción. La crisis de esos años, en lo que a Chile respecta, fue el resultado de innovaciones técnicas introducidas por los Estados Unidos en la agricultura, la industria extractiva y fundidora, originando la baja de los precios de estos productos. Es, podríamos decir, un axioma en la historia económica del país que toda crisis, dado el carácter de dependencia, trae consigo consecuencias que afectan a la totalidad del complejo social; ejemplo claro fue también el colapso de la economía del salitre después de la primera guerra mundial.

El enclave salitrero, producto del triunfo sobre las fuerzas peruanas y bolivianas por la posesión de las pampas salitreras del norte, fue la tabla de salvación para la economía después de la crisis de los años setenta. El modelo económico continúa siendo el mismo, la diferencia está sólo en el producto que se exporta. Sin embargo, el enclave salitrero es la base de profundas modificaciones en la estructura política y social del país. Representa, quizás, la etapa más decisiva en la futura conformación de la sociedad chilena.

Hasta la década de los ochenta, la iniciativa económica reside en manos de los grupos nacionales exportadores, la explotación del salitre introdujo un nuevo fenómeno: el vínculo de la economía chilena con el capitalismo inglés y la

24

subordinación definitiva de las clases dominantes al capital foráneo monopólico. Hacia 1885 las oficinas salitreras de Antofagasta estaban controladas por capitales chilenos, las de Tarapacá en manos de los ingleses por el sagaz financista Thomas North, quien más tarde recibiría el apelativo del "rey del salitre"[11]. North y sus financistas progresivamente fueron eliminando la competencia de los salitreros chilenos, abriendo así el paso al capital monopólico y terminando con la etapa librecambista:

> Gracias al mayor capital, el progreso industrial y a la centralización en manos de un solo financista dirigente, North, el capital importado había superado al nacional. Las compañías tenían múltiples propietarios, independientes entre sí. Las inglesas, múltiples accionistas, pero un solo dirigente ejecutivo. La derrota económica de la libre empresa había dado paso a una nueva forma de capitalismo: el monopolio[12].

El capitalismo inglés, a través de la explotación del salitre, envolvió también en su compleja red de relaciones al sector agrícola, el bancario y el comercial. Debe destacarse que los grupos nacionales no son desplazados, sino que actúan en calidad de asociados secundarios. Los múltiples vínculos que establece el capital inglés con los grupos nacionales y la posición de subordinación que éstos asumen ha sido objeto de varios análisis, entre los cuales debemos mencionar por la profundidad que aborda el tema el de Enzo Faletto y Eduardo Ruiz: "La crisis de la dominación oligárquica (1920)"[13].

El dominio del capital extranjero también se concretiza de manera objetiva en el Estado chileno, ya que el salitre se convierte en el sostenedor principal del financiamiento público, se establece de este modo una relación de dependencia. El Estado adquiere un carácter de concesionario y garante de la empresa económica[14], hecho que quedó demostrado en numerosas ocasiones cuando surgieron conflictos con la clase obrera:

> El Estado interviene para asegurar la continuidad del funcionamiento de la actividad económica, en cuyo éxito está interesado. Esta actividad tiene todos los rasgos de una "concesión": el Estado asegura a las compañías la mantención de los términos en los que la concesión fue pactada y por tanto interviene para garantizar la necesaria dominación de los obreros[15].

La ligazón económica con los grupos nacionales y su acción sobre el Estado, le provee a los intereses del imperialismo inglés las condiciones objetivas para ejercer su dominio, el cual se vendrá a romper sólo cuando la base que da origen a dicho dominio, el salitre, entra en descomposición. Ya se ha mencionado que la debilidad del desarrollo económico chileno se entiende de manera principal por la incapacidad de crear una burguesía industrial, único sector que podía sacar adelante un proyecto de desarrollo independiente. La guerra civil de 1891 no hizo más que confirmar este hecho. Las fuerzas balmacedistas sólo fueron apoyadas por núcleos de la incipiente burguesía industrial, especialmente la del sector fundidor, y por agricultores que empujaban por un desarrollo capitalista en el campo, el mismo Balmaceda era representante de este grupo. La denominada facción congresista, por otro lado, constituye la alianza entre el capital foráneo y los amplios sectores de los grupos nacionales que estaban bajo su órbita (agrario, comercial, bancario). Incluso la clase obrera del salitre, base social del capital inglés, fue hábilmente manipulada para que se pusiera al lado de los congresistas; de sus filas salieron gran parte de los reclutas del ejército que derrotó a Balmaceda. Los obreros fueron presa fácil de la propaganda congresista por el odio que sentían hacia el gobierno[16]. Sólo un año antes, en 1890, la primera gran huelga de los obreros del nitrato había sido ferozmente reprimida con la aprobación del ejecutivo.

En términos económicos, el programa de Balmaceda se fundó en la participación del Estado como gestor principal del desarrollo industrial, lo que suponía la mantención de un centralizado aparato administrativo encarnado en un ejecutivo fuerte.

La economía del salitre redujo en forma considerable la actividad agraria, limitándose casi exclusivamente a la producción para el consumo interno; pese a esto, la oligarquía terrateniente continúa definiéndose como el sector políticamente más fuerte y el que, por consiguiente, podía de manera más efectiva ejercer su poder sobre un Estado concesionario de los intereses ingleses. El sistema parlamentario representa una adecuación a esta realidad, ya que el predominio lo adquiere el sector de mayor capacidad electoral. En este sentido los campesinos:

26

...forman un poder electoral dominado por el patrón, que hace posible la influencia política y la participación en el control del Estado: a través de este mecanismo, control agrario-participación en el Estado, es posible vincularse a todo el sistema económico financiero— salitrero controlado por los ingleses[17].

Un examen a la estructura partidaria del período, revela en forma clara la cohesividad del núcleo terrateniente. Si tomamos como referencia a los partidos políticos de los grupos dominantes, observamos que es el Partido Conservador, base política del sector agrario, el único que manifiesta características de "cuerpo" en cuanto a representatividad de intereses, lo que no se da en los otros conglomerados. Así el Partido Liberal acoge al comercio, la industria y la minería; el Partido Nacional representa a la alta burocracia, la banca, el comercio y grupos industriales; el Partido Liberal Democrático se forma de pequeños núcleos de agricultores, de sectores de las capas medias de provincia y de políticos profesionales deseosos de asumir cargos en la burocracia política. Todos estos grupos, en mayor o menor grado, ya sea por medio del Estado o por los vínculos económicos directos, eran partícipes de los beneficios que aportaba el salitre.

Tanto los textos de investigación como de historia, comúnmente caracterizan los años de la República Parlamentaria como un período de gran inestabilidad política de los gobiernos, calificativo que, a nuestro juicio, es discutible porque se refiere exclusivamente a los frecuentes cambios de gabinetes ministeriales (121 en total) que los presidentes se vieron obligados a realizar. Esta aparente "inestabilidad" del sistema, por el contrario, fue parte de un confuso juego de alianzas y compromisos entre los distintos sectores dominantes para mantener su participación en el reparto de la riqueza. A este juego se suman, incluso por no tener otra alternativa dada su debilidad, los elementos democráticos que compusieron las fuerzas balmacedistas. La llamada "inestabilidad" de este período, por lo tanto, no es más que el reflejo de un equilibrio de intereses compartidos por los sectores dominantes y a cuya cabeza se encontraba la vieja *elite* oligárquica. En relación a esto observemos también un simple hecho: a un sistema de dominio que se mantuvo por casi treinta años no se le puede fácilmente catalogar de inestable, considerando, además, que pudo gobernar sin tener en cuenta al proletariado y a las capas medias, fuerzas sociales que se habían convertido en importantes grupos de "presión".

El origen del proletariado chileno hay que buscarlo en el primer tercio del siglo XIX, cuando se forman los primeros núcleos de trabajadores en torno a la explotación de la plata, carbón y cobre. Pero su origen moderno y configuración definitiva como clase se inicia en las pampas salitreras del Norte. La explotación del salitre requirió la concentración de un gran contingente de mano de obra en una sola zona geográfica, creando las condiciones para que los obreros adquirieran conciencia de pertenecer a una clase y de ser explotados por un enemigo común: el capital, encarnado en la figura del patrón[18]. Las condiciones de miseria y de superexplotación a que los obreros fueron sujetos representan un capítulo negro en la historia social del país. El uso intensivo de la mano de obra, técnicas primitivas de extracción, sueldos pagados con fichas o vales convertibles en productos que sólo se podían obtener en las pulperías de la mismas oficinas, el problema crónico inflacionario mantenido por el gobierno, las duras condiciones de trabajo en un suelo inhóspito son algunos elementos que basta recordar del abuso que debían soportar los trabajadores.

En 1890, en forma espontánea, se levantó el proletariado de Iquique en una huelga general de trabajadores: los lancheros, los fundidores, los jornaleros del puerto y los ferroviarios. Esta huelga, brutalmente reprimida, es el punto de partida de un período de cruentas luchas entre capital y trabajo, a ellas se irán uniendo grupos cada vez más grandes de obreros de todo el país. El Estado, no teniendo una función conciliadora entre capital y trabajo, actuó siempre en forma directa como una fuerza policial al servicio de los patrones y son muchas las instancias en que las demandas de los trabajadores encontraron como respuesta el fuego de la metralla. El ejemplo más conocido y trágico ocurrió en 1907, cuando más de 3000 trabajadores, niños y mujeres fueron masacrados en la escuela Santa María de Iquique. Entre 1911 y 1920 hubo 293 huelgas con la participación de 150.000 obreros, cifras reveladoras de la creciente intensificación de la lucha reinvindicativa. A comienzos de siglo, la burguesía hace sus primeras concesiones: se dictaron las leyes de descanso dominical

(1907), la Ley de la Silla (1915), la Ley de Salas Cunas (1917) y se crearon los Consejos de Habitación encargados de fomentar viviendas populares; leyes que, aun cuando nunca fueron realmente respetadas, fueron importantes porque indican que la elite gobernante ya no podía regir al margen del proletariado[19].

Junto a la actividad de lucha reinvidicativa se empiezan a forjar —a fines del siglo XIX y comienzos del XX— las primeras organizaciones políticas y laborales del proletariado. En Iquique surgen las Mancomunales formadas por el gremio de los lancheros; aunque tienen características de una sociedad de socorro, poseen fisonomía clasista ya que a ellas sólo pueden pertenecer obreros y declaran como objetivo principal la defensa del trabajo. Otras organizaciones de la época serían las Sociedades de Resistencia, impulsadas por la Unión Socialista y que más adelante, en 1907, intentan transformarlas en la Federación de Trabajadores de Chile con resultados no del todo positivos[20]. En 1909 se creó la gran Federación Obrera de Chile (FOCH) estructurada originalmente como una sociedad de socorros mutuos, pero que en la Convención de 1919 evolucionará para definirse como una nacional sindical; en 1921 se inscribió en la Internacional Sindical Roja con sede en Moscú, adhiriéndose al marxismo-leninismo como ideología del proletariado[21].

En 1912, en medio de intensos debates ideológicos, los sectores de izquierda del Partido Demócrata se escinden de éste para formar el Partido Obrero Socialista. Dirigidos por Luis Emilio Recabarren, líder máximo de la clase obrera de esos años, adoptaron un programa que contemplaba la revolución proletaria y la destrucción del capitalismo como tareas históricas. La Revolución Rusa influyó de manera decisiva en la joven organización; sus principios de revolución triunfante fueron difundidos ampliamente por Recabarren y su partido a través de todo Chile. En 1922, en su Cuarto Congreso, el Partido Obrero Socialista cambió su nombre a Partido Comunista, agregando a su programa la dictadura del proletariado como único medio para destruir a la burguesía como clase.

Debemos destacar que la historia de las organizaciones políticas de la clase obrera está unida al Partido Demócrata. Además del Partido Obrero Socialista, se desprendieron de él a fines del siglo pasado varias organizaciones que intentaron ser intérpretes de los intereses de la clase obrera. La primera escisión dio origen en 1905 al Partido Conversionista, formado por elementos que rechazaron las posiciones oportunistas y conciliadoras de los demócratas. En 1896 este mismo grupo creó el Centro Social Obrero cuya consigna fue "revolución social y protección a la industria". La tercera rama del Partido Demócrata fue la Unión Socialista formada en 1897, de donde surgieron dirigentes que desempeñaron una activa labor en las organizaciones de resistencia. Por último, contemporáneo a la Unión Socialista, Ricardo Guerrero, conocedor del socialismo científico, fundó el Partido Obrero Francisco Bilbao inspirado en los elementos básicos de la teoría marxiana. Esta enumeración que acabamos de hacer no conlleva un propósito de erudición ni de entrar al análisis del significado de cada una de estas organizaciones, nos interesa más bien mostrar el carácter evolutivo que tuvo el movimiento socialista en Chile. Segall resume esta idea en relación a los cuatro intentos organizativos señalados:

> La primera fue limitada a un problema específico: la "conversión"; la segunda a coordinar las aspiraciones populares con el balmacedismo; la tercera creó el sindicalismo ácrata y la cuarta dio paso al socialismo científico[22].

Al igual que el proletariado, la emergencia de los sectores medios está adscrita al enclave salitrero. Las utilidades que dejaba el salitre, al no quedar en manos nacionales privadas, "...entraba y se diseminaba por los canales ligados a la tributación y el gasto fiscales..."[23]. Esto posibilitó una expansión significativa del aparato estatal en cuanto a proveedor de servicios públicos, con la consiguiente creación de un numeroso cuerpo de funcionarios encargados de administrarlos. Por otra parte, la intensa actividad importadora-exportadora que giraba en torno al salitre y la misma presencia cada vez más fuerte del Estado en el área pública, se tradujo en un acelerado proceso de crecimiento urbano y poblacional registrado en los principales centros comerciales. Con esto, la sociedad chilena empieza a adquirir una fisonomía de modernidad estructural y de diversificación social y económica. Nuevas fuentes de trabajo se originan y con ellas la aparición de grupos de individuos destinados a ocuparlos: empleados particulares; pequeños propietarios de inmuebles, talleres y comercios; técnicos y profesionales. Se gesta, así, la conformación de los sectores medios, quienes entraron a jugar un papel importante en las modificaciones que sufre el sistema en los años veinte.

Al término del conflicto bélico mundial, las exportaciones del salitre sufren una caída vertiginosa, lo cual no sólo resulta de la baja natural de demanda que ocurre una vez acabada la guerra, sino porque su comercialización deja de ser una actividad lucrativa con la invención por los alemanes de un substituto sintético. De esta manera, la economía chilena, construída en torno a este producto, entra en una fase de paralización que habría de afectar a la totalidad del sistema. Su consecuencia más inmediata afectó la capacidad del Estado para absorber el gasto público, disminuyendo, asimismo, su participación en el otorgamiento de empleos, privilegios y prebendas. Tocado el centro neurálgico de su poder, la oligarquía terrateniente empieza a experimentar los primeros signos de debilitamiento.

El derrumbe de la economía salitrera, además de traer consigo el ocaso del hegemonismo de la oligarquía, significó también el punto de partida del término de la dependencia económica con Inglaterra y con ello se le abren las puertas a los grupos de contrapoder. Los terratenientes, al transformarse en clase política garante del enclave construido por los ingleses, se encontraron directamente aliados a ellos. En cambio, los otros sectores del bloque dominante, compuesto por grupos de la emergente burguesía nacional, aunque también se acogían a los beneficios del sistema, lo hacían desde una posición menos comprometida que a la larga los llevará a disociarse para elaborar su propio proyecto político y económico con miras a sortear la crisis inmediata y a detener la profundización de la lucha social. Esta idea que acabamos de esbozar es sostenida por Enzo Faletto y Eduardo Ruiz:

> Esta situación de dependencia indirecta les facilitará a los grupos de la burguesía nacional su desvinculación táctica al momento de la crisis del enclave salitrero. Por otra parte, al no controlar directamente a los mecanismos de poder, que en el régimen oligárquico permitían acceso al Estado, tienen, al momento de la crisis, mayor flexibilidad de relaciones con los sectores emergentes. Aparecen menos ligados a la imagen del Estado[24].

Esta "mayor flexibilidad de relaciones con los sectores emergentes" (proletariado y capas medias), hará posible que ellos logren ponerse a la cabeza del movimiento reivindicacionista. Por otra parte, la misma crisis económica les posibilita una coyuntura política favorable, producto del alza que experimenta la industria substitutiva de exportaciones.

De acuerdo con los autores citados, la "desvinculación táctica" que hace esta incipiente burguesía, representó un acto de independencia del tutelaje que ejercía sobre ella la oligarquía. De ahí en adelante, en forma activa se lanza a justificar la existencia de un Estado que cree las condiciones para un desarrollo industrial; al mismo tiempo, empieza a buscar sus propias relaciones económicas que fueran a consolidar su poder. La posibilidad de esto último, se la entregaría el capital norteamericano que en esa época entra agresivamente a disputarle el mercado a los ingleses. En el momento que acaece la crisis este capital contaba ya con algunas inversiones de importancia en la industria extractiva cuprífera, en los yacimientos de El Teniente y Chuquicamata. En 1920 se inicia la explotación de Potrerillos, pasando el país a ocupar el segundo lugar en la producción mundial de este mineral[25]. Más tarde, en 1925, una vez que se consolida el proyecto reformista que impulsa a esta burguesía, Alessandri hace llamar a técnicos norteamericanos para reorganizar el sistema financiero chileno[26]. Todo esto no es sino reflejo del creciente fortalecimiento que adquiere esta nueva alianza con el capital foráneo. Incluso, las mismas pugnas que se desarrollaron al interior del bloque dominante cuando asume Alessandri, expresadas en las fuerzas que apoyan al presidente y las del grupo oligárquico, se encuentran siempre apoyadas por cada uno de los dos imperialismos.

La paralización de las faenas en las pampas salitreras afectó duramente a la clase trabajadora. Obligó a a miles de ellos a emigrar a los centros urbanos en busca de fuentes de trabajo, ayudando a aumentar las ya cruentas condiciones de miseria a que se veían expuestos los habitantes pobres de la ciudad. Esta situación dio un nuevo ímpetu a la lucha obrera. Santiago —la capital— se convierte en centro convulsionado por la agitación política. Allí, en 1918, se forma la Asamblea Obrera de Alimentación que se encarga de convocar a periódicos "mitines del hambre," uno de los cuales se transformó en 1919 en una gran huelga general. Sobre la importancia que tuvo esta organización como catalizadora de la unión obrera, Luis Vitale tiene el siguiente juicio:

> La Asamblea Obrera de la Alimentación puede ser considerada como el Primer Frente Unico Proletario de Chile, donde actuaron juntos los obreros organizados e inorganizados en sindicatos o asociaciones, los universitarios de la FECH, Federación de Estudiantes de Chile, que comenzaban a integrarse a las luchas populares, los socialistas de la FOCH, Federación Obrera de Chile, y el POS, Partido Obrero Socialista, y los anarquistas de la IWW[27].

Las acciones de protesta se hicieron extensivas a otros centros laborales. En 1919, por ejemplo, los trabajadores del carbón lograron crear serios transtornos en las actividades económicas más importantes del país con una huelga general que duró 83 días. Ese mismo año, los obreros del Frigorífico de la Sociedad Explotadora de Tierra del Fuego, en Puerto Natales, iniciaron un paro masivo que pronto incluiría a diez mil de ellos. Enardecidos por el hambre los obreros se sublevaron y lograron tomar el control de la ciudad por unos cuantos días; el gobierno tuvo que recurrir al envío de tropas para reprimir a los insurrectos, resultando varios de ellos muertos.

Con el colapso de las exportaciones salitreras irrumpen, también, en el escenario de la lucha social los sectores medios. Unidos sus intereses globalmente al modelo económico, vía la gestión estatal o de la empresa privada, habían mostrado hasta antes de la crisis una conducta de acomodo al sistema oligárquico. Si bien es cierto que ya a fines del siglo XIX contaban con una importante representatividad política en el Partido Radical y en parte en el Demócrata, a través de los cuales presionan para hacer oír sus demandas reivindicativas, no es hasta que ocurre el derrumbe económico cuando se movilizan como bloque social y político abiertamente crítico al gobierno imperante[28]. Por lo tanto, su politización se va gestando en la medida en que la totalidad del sistema empieza a "funcionar mal", es decir, en los momentos en que sus exiguos privilegios de grupos asalariados se ven reducidos.

Dependiendo en gran medida de la extensión de la iniciativa económica del estado, las capas medias logran conformar un amplio movimiento de denuncia cuyo objetivo central fue darle a éste un carácter intervencionista y regulador en lo económico y social. Con esto buscan los elementos para afianzar una fuente constante de empleos y crear los mecanismos necesarios para asegurar pensiones, regalías, seguro social, etc. Además, al conformar un sector fundamentalmente asalariado, una mayor presencia en el aparato estatal les entregaba la mejor posibilidad de ascender social y económicamente para hacer sentir su peso como grupo.

En suma, podemos decir que la situación que presenta el país desde el fin de la guerra muestra la inoperancia del régimen oligárquico y la necesidad de introducir modificaciones en el aparato estatal. Por un lado, era imperante echar las bases de un Estado interventor que estuviera en consonancia con los intereses de la burguesía emergente y de los sectores medios. Por otra parte, la fuerza acumulada por el movimiento obrero indicaba que las formas de explotación anterior no podían seguir en práctica, haciéndose necesario un cuerpo de leyes reguladoras de las relaciones entre capital y trabajo, lo cual visto dialécticamente, sería usado para controlar al proletariado dentro del sistema, pero que, al mismo tiempo, serviría a éste para darle a sus demandas un *status* legal. Esto es en realidad la síntesis del programa que llevara a Alessandri a la presidencia[29].

Aglutinado en la Alianza Liberal el bloque reformista postula la candidatura de Arturo Alessandri en 1920. La Alianza, antiguo núcleo de oposición al régimen de los terratenientes, se forma en torno al Partido Radical y al Demócrata, sectores liberales y balmacedistas. Las fuerzas de la oligarquía, por otra parte, se organizan en la Unión Nacional, grupo coalicionista integrado por conservadores, nacionales y elementos procedentes del Partido Liberal.

Bajo la consigna de "la evolución en lugar de la revolución",, Alessandri levantó su candidatura como una alternativa entre el conservadurismo del régimen en el poder y la supuesta anarquía propiciada por el socialismo. Con sus promesas reivindicacionistas en lo social y económico dirigidas a mejorar las condiciones de vida de las clases populares, a Alessandri no le fue difícil atraerse el respaldo de la clase obrera. Además, tenía otro elemento a su favor que lo convertía en un candidato ideal. Desde su posición de senador por la provincia de Tarapacá había adquirido fama por la aparente incondicionalidad con que defendió los derechos de los trabajadores de ese importante centro minero. Esto, unido a su gran habilidad demagógica, fue factor importante para generar el enorme entusiasmo que su presencia causaba en las masas. Sin duda, en este aspecto fue el primer caudillo que hasta ese entonces se había conocido en Chile.

Desde un comienzo se hace claro que el estrecho triunfo de Alessandri no significaría la consolidación inmediata del modelo reformista. El bloque unionista, buscando volver a afianzar sus antiguos privilegios, recurre constantemente a las acciones conspirativas y al dominio que todavía ejerce en el Congreso para desestabilizar el gobierno. Alessandri, también, se vio incapaz de acallar la protesta obrera. A sólo unos meses de haber asumido la presidencia ocurrieron los sucesos de San Gregorio, donde fueron ultimados por la tropa sesenta y cinco trabajadores. La dureza represiva con que se sofocan ésta y otras numerosas acciones, hicieron que el gobierno fuera en forma progresiva perdiendo su base de apoyo popular. Situación que sería aprovechada por el sector socialista para hacer avanzar el movimiento dentro de criterios clasistas.

En las elecciones parlamentarias de 1924 las fuerzas aliancistas consiguen una aplastante victoria sobre los candidatos de la Unión Nacional, quitándole así a la oligarquía terrateniente su último cetro legal de poder. No teniendo otro recurso, éstos recurren a la influencia que tienen en las fuerzas armadas, promoviendo un golpe militar ese mismo año que destituye a Alessandri y lo fuerza al exilio.

Pero la lucha por el poder se habría de desatar también en el interior de las instituciones castrenses. Reflejo de los mismos cambios experimentados en la estructura social fue la incorporación cada vez más numerosa de elementos de las capas medias a las fuerzas armadas, especialmente al ejército. Estos jóvenes militares de mentalidad reformista actuaron como grupo de oposición a la vieja jerarquía de espíritu aristocrático-conservador aliada a los intereses terratenientes. Acaudillados por el coronel Carlos Ibáñez, en enero de 1925, organizaron con éxito un contragolpe exigiendo el retorno del presidente y la dictación de una nueva carta constitucional.

Cuando Alessandri regresa del exilio para terminar su mandato presidencial se encuentra con que el verdadero poder recae en manos de los militares a través de Ibáñez, quien pasa a ocupar la cartera del Interior. Dos años más tarde, en 1927, Ibañez se haría nombrar presidente de la República, gobernando hasta 1931 con facultades dictatoriales.

La dictadura de Ibáñez no significó una ruptura con los proyectos del alessandrismo; al contrario, les dio continuidad y, en definitiva, será en este período en que se logra consolidar la reorganización de la sociedad bajo los principios reformistas.

Con la presencia de los militares en el gobierno que favorecen al sector reformista, los terratenientes se ven forzados a reconocer que la realidad política exigía la fórmula del "compartimiento" de poderes entre todo el bloque dominante. Minadas, entonces, definitivamente las aspiraciones de este sector, Ibáñez concentra sus esfuerzos en desarrollar una estrategia para enfrentar el problema obrero. Por un lado, intenta desarticular las fuerzas socialistas en las filas de la clase obrera, encarcelando y relegando a los líderes más destacados. Por otro, busca encauzar la protesta laboral dentro de los márgenes de la legalidad impuesta por el Estado. Por esto una de sus preocupaciones centrales fue ampliar las bases de la estatización sindical iniciada por Alessandri bajo la promulgación del Código del Trabajo en 1925.

El 18 de septiembre de 1925 se promulga la nueva constitución. Su contenido articula las aspiraciones reformistas del movimiento encabezado por Alessandri. Con el restablecimiento de la preponderancia del Ejecutivo sobre el Congreso se debilita de manera significativa la opción regionalista de poder de los terratenientes. Al mismo tiempo, le entrega los mecanismos necesarios para que el presidente, de manera rápida y eficiente, pueda actuar en momentos ruptores del "orden"; ejemplo claro de esto es la prerrogativa para dictar estado de sitio durante los ocho meses del año que el Congreso estaba en receso. En lo económico se establece el Estado intervencionista, lo cual echará las bases para el desarrollo fabril; esto último entendido desde el contexto en que Chile sigue manteniendo una dependencia estructural con respecto al capital foráneo. En la nueva carta constitucional, también, se incorporan nuevos criterios que garantizan la protección en salud, trabajo, educación, etc., que crean uno de los sistemas más avanzados y complejos del mundo en lo relativo a la legislación social. Al decretarse la separación

de Estado e Iglesia, se rompe la tradicional alianza entre
ésta y la oligarquía, debilitando así la enorme incidencia
ideológica que estos dos núcleos ejercían en todas las
esferas de la vida nacional.

II. Las bases ideológicas

> El odio nada engendra, sólo el amor es fecundo
> *Arturo Alessandri Palma*

El enjuiciamiento histórico de Arturo Alessandri ha caído
frecuentemente en críticas que hacen pesar demasiado los
aspectos negativos de su personalidad como político. El
desenfreno de su retórica populista, su extravagancia
demagógica, su espíritu caudillista, sus métodos
maquiavélicos de operar en la lucha política han pasado a
formar parte de una imagen arquetipizada en la historia
chilena[30]. Abundan, también, aquellos que lo acusan de
haber engañado al pueblo con su falsa pretensión de
erguirse como campeón de las clases populares.
Curiosamente, otros dirigentes o intelectuales importantes
del reformismo han escapado de llevar la estampa
negativa de Alessandri y muchos de ellos incluso están
inscritos en la historia política con la benevolencia de
auténticos demócratas y verdaderos defensores del pueblo.
Estas impresiones basadas en tal o cual figura para
entender un período oscurecen la comprensión objetiva del
fenómeno social. Alessandri, así como todo el núcleo
dirigente que lo respalda, no hicieron más que responder a
los intereses particulares de las clases poseedoras, que en
esos momentos se esfuerzan por elaborar un modelo de
dominio viable con la nueva situación que presenta la
sociedad chilena. Aun los aspectos de la controvertida
personalidad de este presidente, podrían explicarse en base
a una necesidad coherente con el esquema político que él
representó. Por ejemplo, la orquestada imagen de hombre-
masa con que se proyectó a la nación resulta funcional a un
modelo que sólo podía legitimarse con la adhesión activa,
incluyendo la electoral, de los más amplios sectores
sociales.
Se ha señalado antes que la elección de Alessandri
significó el desplazamiento definitivo de la oligarquía

terrateniente como grupo hegemónico de poder. El reformismo se opuso al gobierno de los terratenientes alegando que éste era inadecuado para la nueva dinámica social del país, determinada especialmente por la aparición del proletariado y de los sectores medios, hecho que planteaba la imposibilidad de gobernar al margen de estas dos fuerzas. Al exclusivismo e insensibilidad social de la oligarquía también se le hacía responsable del caos reinante en esos años, y de haber "empujado" a la clase obrera con esta actitud a un militante activismo político, en el cual, razonaban los adeptos al reformismo, residía la amenaza más grave a la estabilidad del orden social.

El movimiento responsable de poner a Alessandri en la presidencia define, así, una posición intermedia entre los planteamientos revolucionarios de la izquierda y el estatismo que se le asigna al régimen terrateniente. Se trata, acuñando la fraseología del momento, de evolucionar a la sociedad y no revolucionarla. Esta concepción evolucionista, arrancada del positivismo, es la base del pensamiento político-social del reformismo y se sostiene en la negación de la lucha de clases postulada por los sectores de izquierda, articulando una ideología de dominación que busca conciliar las contradicciones inherentes a las clases. De ahí que la cooperación entre trabajo y capital se haya constituido en el elemento central de la candidatura de Alessandri, y es también en este contexto donde las promesas de "paz social" que hace el abanderado de la Aliaza Liberal se nutren de su verdadero contenido ideológico. Alessandri, recordando su presidencia, sintetiza de manera explícita esta idea:

> Quise y reclamé para todos un mínimo de bienestar físico, intelectual y moral, levantar al de abajo sin abatir a los de arriba; pero busqué aquello en la armonía de todos, en la concordia y cooperación, principalmente en la armonía entre capital y trabajo[31.]

Más preciso aún es Bello Codesido, diputado y conocido teórico del alessandrismo:

> Esta evolución de gran trascendencia iniciada con la elección presidencial del año 20, tuvo en Alessandri al gran impulsador de la legislación social sobre la base de la armonía entre capital y trabajo[32.]

38

Al presentarse como tabla de salvación de los graves problemas que afectaban a la sociedad chilena, el movimiento reformista se planteó como generador del progreso, dictado éste por la natural evolución a que está sometido el "organismo" social. Dentro de esta idea, la revolución pasa a ser un elemento perturbador y retardante de este proceso. Consideremos dos ejemplos, entre muchos en el pensamiento de Alessandri:

> ...estimé que debía realizarse rápidamente la evolución para evitar la hecatombe que, en cumplimiento de una ley histórica reiterada, ocurre siempre cuando la evolución es retardada[33].

Concepto central en el siguiente comentario es de nuevo la antinomia evolución-revolución, poniendo a esta última dentro de una categoría destructora del orden social ("muerte de las células"):

> La sociedad humana con sus leyes va encaminada al desarrollo de la civilización hasta un grado que contemple la felicidad de todos y cada uno de sus asociados. El organismo social, en consecuencia, tal como está organizado, significa la marcha incontenible hacia el progreso. La disolución del orden social sin tener con qué reemplazarlo, significaría la disgregación de las células, la muerte de las células, para mejor decirlo. Por eso yo no acepto la revolución social... Mis ideas son evolucionistas avanzadas, porque considero, como ya os he dicho, que cada hombre tiene derecho a un mínimum de felicidad física, intelectual y moral, y yo lucho por dar a cada hombre ese mínimum de felicidad[34].

Siendo que hemos postulado al evolucionismo positivista como base constitutiva del pensamiento reformista — lo cual se desprende claramente también de las dos últimas citas de Alessandri— creemos necesario referirnos, aunque sea brevemente, a algunos rasgos de esta doctrina. Este tema puede ser muy vasto y complejo por sus múltiples variantes y practicantes que ha tenido a lo largo de su desarrollo, y, por supuesto, no podemos realizarlo en un estudio de esta naturaleza. Nuestro interés en este punto tiene la exclusiva intención de sólo tocar en forma general ciertos aspectos histórico-ideológicos que determinan su aparición como teoría social. Formularemos nuestras ideas a partir de Comte. Hay tres razones concretas para hacerlo. Primero, porque a él se le ha señalado como el primer gran sintetizador de esta doctrina. Segundo, porque estamos interesados en establecer un paralelo histórico entre el momento de su origen en Europa y el período que hemos venido analizando. Por último, el positivismo chileno fue fundamentalmente de corte comtiano, como lo demuestran las figuras de Victorino Lastarria y Valentín Letelier, sus exponentes de mayor relieve en Chile[35].

La gran influencia que tuvo el positivismo en Chile a partir de la segunda mitad del siglo XIX es un hecho irrefutable, adecuadamente estudiado y que hace innecesario mayores comentarios. El siguiente juicio emitido por Leopoldo Zea al referirse a Lastarria, iniciador de esta corriente filosófica en el país, pone en evidencia la importancia que asumió en la vida intelectual chilena:

> El positivismo había sido reconocido por Lastarria en 1868, el paralelismo de éste con sus ideas le había sorprendido originando su adhesión al mismo. En adelante el positivismo se mezclará en la vida intelectual de la República de Chile. Se le aceptará total o parcialmente, o simplemente se le negará, pero en todo caso estará presente provocando comentarios y discusiones[36].

Los hombres que se sumaron inicialmente al positivismo fueron en su mayoría los de más prestigio de la intelectualidad liberal. Muchos de ellos han pasado a ocupar puestos determinantes en la historia social, política y cultural. Además de los dos antes mencionados, se deben destacar nombres tan importantes como el del historiador y político Miguel Luis Amunátegui, el escritor y político Benjamín Vicuña Mackenna, el historiador Diego Barros Arana y el que fuera presidente de la República don José Manuel Balmaceda. Aunque menos conocidos, son dignos también de mención los hermanos Jorge y Enrique Lagarrigue por la intensa actividad que realizaron para propagar las ideas comtianas, a quienes Leopoldo Zea dedica varias páginas en su libro *El pensamiento latinoamericano*.

A pesar de que estos intelectuales formaron un grupo exclusivo de gran importancia, se encontraron orgánicamente desligados del centro hegemónico de poder terrateniente. Por esto, la ideología liberal que guiaba su accionar en todas las esferas del pensamiento se aglutinó como una constante fuerza opositora. Políticamente, presionaron siempre por mecanismos que llevaran a una mayor democratización del aparato estatal; así, por ejemplo, en lo que fue toda la segunda parte del siglo XIX, activamente fueron los que gestaron modificar el sistema electoral con el propósito de crear una base de apoyo popular que eventualmente les llevará a disputar en forma efectiva el control que la oligarquía tenía sobre el Estado. Conscientes del enorme poder de la iglesia católica, brazo ideológico de las viejas concepciones aristocrático-feudales que todavía perduraban en el seno del núcleo terrateniente, lucharon denodadamente por secularizar la sociedad chilena, esfuerzo que encontrará su punto más alto cuando la Constitución de 1925 sancionó la separación entre Iglesia y Estado.

Con lo que acabamos de exponer hemos querido hacer resaltar simplemente una cosa: las ideas de estos intelectuales durante toda la segunda parte del siglo XIX y los primeros años del XX, no logran constituirse en un *corpus* ideológico dominante, lo que se entiende por la incapacidad que tuvieron para asumir el control del Estado, estructura donde se concretiza de manera efectiva el poder de un grupo o clase social. Este hecho, sin embargo, se debe aclarar, sólo es aplicable en lo que a posición hegemónica se refiere porque, obviamente, sus intereses estaban sujetos de modo global al sistema, participando en él a través del complejo juego político de alianzas y compromisos, o de los cargos públicos que podían estar a su disposición. El *corpus* ideológico por ellos representado empieza a ser viable sólo cuando las condiciones históricas —ya expuestas en la parte anterior— son propicias. La elección de 1920 es así el primer gran paso que abre definitivamente las puertas, en forma de movimiento, al ideario de esta dirigencia intelectual, cuyo entronque ideológico se encuentra sin duda en las concepciones políticas y sociales del positivismo.

El positivismo emergió en Europa en el segundo tercio del siglo XIX bajo condiciones históricas comparables a las que se dieron en Chile entre 1900 y 1925. En efecto, los países del viejo mundo se vieron en una profunda crisis motivada por el problema económico y la lucha de clases. El proceso de industrialización obligó a la gran población campesina a desplazarse a los centros urbanos, produciéndose condiciones de miseria generalizada para estas grandes masas que llegaban en busca de las fuentes de trabajo. El desempleo, el hambre, la falta de habitación mínimamente adecuada y las pestes fueron problemas que se hicieron sentir con inusitada crueldad. La misma carencia de trabajo propició un sistema abominable de explotación de hombres, mujeres y niños.

En este marco social, el proletariado empezó a organizarse y manifestar sus primeras expresiones de resistencia. En 1848, el año de mayor turbulencia social en la Europa de esa época, se sublevó el proletariado de París, tomándose las calles y levantando barricadas, ejemplo que será pronto seguido en otros países del viejo continente. Estos primeros actos de resistencia deben ser considerados paralelamente al desarrollo y propagación de las ideas socialistas. Baste recordar la publicación del *Manifiesto del Partido Comunista* en 1847, primer gran documento teórico que postula la posición revolucionaria de la clase obrera y la irreconciabilidad de intereses de ésta con el capital.

A partir de este año clave (1848) para el movimiento obrero, la burguesía europea inicia una nueva fase ideológica que se caracterizará por el abandono de las posiciones revolucionarias mantenida en su lucha contra el antiguo régimen. De ese momento en adelante esta clase tendrá dos grandes objetivos: justificar globalmente la existencia de la sociedad capitalista — por ende, también, su determinación de clase dominante— y quitarle al proletariado su carácter revolucionario[37].

Es dentro de este contexto general del pensamiento burgués en que debe ubicarse el positivismo. Con el rechazo de la lucha de clases como fundamento objetivo del desarrollo social, el devenir de la humanidad pasa a ser concebido desde una categoría ahistórica, regido por leyes semejantes a las de la naturaleza y bajo las cuales el progreso de la sociedad está sujeto a un progreso de evolución predeterminado.

Políticamente, la corriente filosófica fundada por Comte pretendió hacer suya la tarea de estabilizar los regímenes europeos convulsionados socialmente por la emergencia de la clase obrera[38]. Apoyándose en el evolucionismo para desvirtuar la propagación de las ideas revolucionarias[39], elaboró y dio origen al centrismo político, cuya primera expresión se vertió en los principios que constituyeron la Segunda República francesa en 1848, meses después del levantamiento obrero.

Parte importante del pensamiento social comtiano tiene como referente la negación del concepto de "lucha de clases"[40]. Al referirse, por ejemplo, a la libertad mantiene que debe excluirse de ésta el derecho a la insurrección, porque ejerciéndolo se atenta contra el bien común de toda sociedad. Justifica dicha idea recurriendo a la homología entre organismo biológico y cuerpo social: la existencia de un desequilibrio social generalizado, tal como ocurre en los períodos revolucionarios, pueden llevar a estados patológicos irreparables.

El lema de igualdad y libertad de la Revolución Francesa es considerado por Comte tan sólo como parte del proceso evolutivo que llevó hacia el establecimiento del positivismo. Fueron, por lo tanto, conceptos provisionales y necesarios en la lucha contra el antiguo régimen. Ambos términos, argumenta, serían abandonados más tarde cuando la sociedad entra a la fase positiva con la instauración de la Segunda República:

> Con la adopción del principio republicano en 1848, la utilidad de este lema provisional cesó. Por cuanto la evolución entró en su etapa positiva[41].

Comte racionaliza que la libertad e igualdad son términos intrínsecamente contradictorios porque este último restringe la iniciativa individual y por esta razón es de naturaleza antisocial. Si se traslada esta noción al campo de las relaciones de clase, resulta que la armonía no radica en la obtención de igualdad, sino en el normal cumplimiento de las funciones asignadas a desempeñar a cada grupo social. Pero el normal funcionamiento de la sociedad, sinónimo de progreso, requiere de la existencia de dos elementos fundamentales: un espíritu de solidaridad, donde se asienta la cooperación entre los individuos, y la presencia de un Estado fuerte y concentrador del poder, capaz de velar por el interés común de todos.

En la teoría social de Comte, el problema obrero se destaca como punto de importancia central[42]. En el esquema de funciones que configura para las clases sociales, sostiene la idea de que en el obrero se concentra el espíritu de solidaridad, producto de la misma miseria a que se ve sometido, lo cual, a la vez, determina que este sector ocupe una función de orden moral[43]. De ahí que la gran tarea del proletariado se convierta en crear en el capitalista, por naturaleza egoísta, este sentimiento de solidaridad social. El origen del conflicto, la lucha del obrero por mejorar sus condiciones de vida, se soluciona, entonces, cuando los dueños del capital adquieren la sensibilidad necesaria para comprender las exigencias de los trabajadores. La acción obrera limitada a este marco moral y no político es la mejor garantía para el sistema:

> Su acción combinada, lejos de perturbar el orden establecido, será su garantía más solida, por el hecho de ser moral y no política[44].

Aún más, debido a que los obreros no pueden constituirse en clase política, son excluidos de las esferas de poder, a pesar de ser ellos generadores de riqueza:

> Su inclinación al ocio, y su pobreza, los excluye del poder político: y sin embargo la riqueza, lo cual es base de dicho poder, no puede ser producida sin ellos[45].

En cambio, a lps capitalistas Comte le asigna la función de líderes políticos en la sociedad positiva porque ellos son concebidos como órganos primarios (nutritivos), en quienes cae la responsabilidad de generar y distribuir la riqueza:

> Los capitalistas serán los líderes de la sociedad moderna, sus cargos públicos son consagrados en religión como órganos que recogen y preparan el material necesario para la vida, y los cuales también se encargan de distribuirlo...[46].

Para terminar con este esbozo de las ideas comtianas, quisiéramos reiterar que esta doctrina nace como una alternativa a la propagación del socialismo en medio de la clase obrera. Haciendo eco al centrismo político, Comte, rechaza las ideas comunistas porque éstas, a diferencia de la doctrina positivista, no pueden satisfacer al pobre y al mismo tiempo instaurar la confianza del rico[47]. Pero, al comunismo lo considera un mal necesario en cuanto ayudó a fomentar ese espíritu de solidaridad regulador de las relaciones de clase, siendo la razón de que el proletariado se haya identificado con su ideario. Empero, las soluciones vagas y quiméricas, promotoras de anarquía, que ofrece a los trabajadores serán rechazadas por las virtudes de la sociedad positiva:

> Tan pronto como ellos [los obreros] vean un mejor camino para presentar sus demandas legítimas, pronto

adoptarán las claras y prácticas concepciones del Positivismo, las cuales pueden llevarse a cabo en paz y permanentemente, en preferencia a estas vagas y confusas quimeras, las cuales, como ellos instintivamente sienten, sólo conducen a la anarquía[48].

Hacia fines del siglo XIX la intelectualidad asociada al positivismo empieza a detectar que la problemática esencial en Chile era detener el avance del socialismo. Hasta ese momento este sector social se había contentado con oponerse al régimen terrateniente en cuestiones reivindicativas relacionadas a fortalecer las posiciones del liberalismo, sujetas siempre, como ya ha sido indicado, al juego político de alianzas y compromisos. Con la aparición de las primeras protestas obreras, y la desestabilización que ellas crean al sistema, irán asumiendo posturas cada vez más militantes en sus ataques al gobierno de la vieja oligarquía. Con esta óptica aparecen las primeras voces que destacan la urgente necesidad de introducir reformas para corregir las injusticias propiciadas por el régimen en el poder. Dan impulso, así, a la llamada "cuestión social" que va a agitar el seno de la política chilena hasta la elección de Alessandri. Es en el ensayo social, de gran importancia en la época, donde estos intelectuales sintetizan la perspectiva ideológica que hemos venido destacando a lo largo de estas páginas.

En 1896 apareció un famoso ensayo titulado "Los pobres" que causó gran impacto entre los preocupados por la cuestión social. Su autor, Valentín Letelier, fue uno de los hombres más influyentes de su tiempo. Además del papel que le correspondió en su calidad de jefe del ala izquierda del Partido Radical, realizó desde su cargo de rector de la Universidad de Chile una intensa labor en el desarrollo de la educación. Fue, también, sin duda, el teórico de mayor envergadura del positivismo chileno, la extensa obra que dejó en el campo social, político y cultural lo confirma.

En "Los pobres" Letelier, asumiendo la perspectiva del Partido Radical, cuyo ideario, no olvidemos, se hegemonizó en el movimiento reformista, aboga en forma apasionada por la causa de los sectores populares. Considera que las injusticias han surgido debido al individualismo del sistema librecambista incontrolado del régimen oligárquico, proponiendo, en cambio, un estado regulador en el que descanse la responsabilidad de promover el bienestar de estos sectores. Las reformas que propone están, sin embargo, concebidas desde una perspectiva fundamental: frenar la propagación del socialismo, claramente puntualizado en estas palabras:

> La formación de los partidos obreros, bajo el nombre de socialistas o democráticos, es uno de los fenómenos de más grave trascendencia que se operan en el agitado seno de los pueblos cultos[49].

Más explícito resulta el siguiente juicio:

> Todo repúblico que viva atento a satisfacer las nuevas necesidades sociales, debe indagar cuáles han dado la existencia al socialismo y cuál política se debe seguir para quitarle su carácter revolucionario. En mi sentir, es ilusión de gobernantes empíricos imaginar que se pueda exterminarlo mediante una política de hostilidad o anularlo mediante la eliminación de uno de sus caudillos[50].

Quitarle al socialismo su posición revolucionaria es pues, a nuestro juicio, el núcleo articulatorio de este ensayo.

Para Letelier, así como para toda la intelectualidad liberal, la pobreza, promovida por el egoísmo de las clases gobernantes, es la causa que el pueblo se haya identificado con el socialismo. En este sentido, advierte que la emergencia de la lucha de clase es el elemento perturbador del normal funcionamiento de la sociedad:

> Es ya tiempo de reaccionar contra esta política egoísta que obliga a los pobres a organizarse en las filas hostiles frente al resto de la sociedad. Sólo el abandono en que hemos dejado los intereses populares puede explicar la singular anomalía de que en el seno de nuestras sociedades igualitarias se estén renovando las luchas de clases, fatales para el funcionamiento regular de la verdadera democracia. Es nuestro egoísmo, es nuestra indolencia, es nuestra política de mera expectación lo que irrita y exaspera a los que padecen de hambre y sed, enfermedades e injusticias[51].

A pesar de que la crítica de Letelier encierra una postura programática —rechazo, por ejemplo, del Estado librecambista— el ensayo se convierte en una especie de prédica moralizante apelando a crear sensibilidad social entre la clase dirigente, siendo que es su egoísmo, como hace notar en la cita anterior, el elemento desencadenador de la conflictividad que vive el país. Esto, también, lo conduce a dar una definición del papel que el "rico" debe cumplir en la sociedad, la cual es semejante a la que se mencionó antes al discutir a Comte. Letelier recurre a Cristo como el gran ejemplo de esta sensibilidad, alegando que éste:

> ...impuso a todos la caridad y trató de imponer a los propietarios la comunidad de los bienes. Sus enseñanzas interpretaron tan bien las aspiraciones de los pueblos, que su nombre no ha cesado de ser bendecido y glorificado hasta hoy mismo por los pobres y desvalidos de la cristiandad entera[52].

En la continuación a este comentario expone que la función del "rico" es crear y administrar la riqueza (Comte, en este sentido es más directo al usar el término "capitalista"):

> ...el partido radical puede continuar la obra generosa del augusto fundador del cristianismo, puede enseñar con Augusto Comte, que ser rico es desempeñar una verdadera función social, la de creador y administrador de la riqueza en beneficio común; y puede repetir diariamente a los egoístas la apóstrofe inmortal del tribuno romano: "Ceded vuestras riquezas si no queréis que un día os sean quitadas todas..."[53].

Poner a Cristo y a Comte juntos en cuanto a reivindicadores sociales, es un claro indicador de la importancia que tuvieron las ideas de éste último en la época.

Con la mención de la llamada "cuestión social," no hemos querido elaborar en un tema tan amplio que debe incluir casi todo escrito social de esos años, simplemente hemos intentado destacar a través de un hombre representativo como Letelier, la perspectiva ideológica de ella dentro de la intelectualidad liberal, la cual es la misma que identificará más tarde al movimiento político que hace posible el triunfo de Alessandri. Hay, sin embargo, dos nombres más convenientes de recordar al respecto, ambos fervorosos alessandristas y catalogados incluso hoy como auténticos defensores de las clases populares; hombres que, por consiguiente, no llevan el estigma negativo que marcó a Alessandri.

En las acaloradas polémicas en torno a la "cuestión social", sobresale J. Valdés Cange, seudónimo de Alejandro Venegas. Su libro *Sinceridad*, aparecido en 1910, creó conmoción por la fuerza condenatoria con que se refiere a la oligarquía, a la que culpa de la existencia de todos los males sociales existentes en la época y de mantener una sociedad sin principios de solidaridad humana. La sentida descripción que hace de los sectores populares revela una autenticidad de pensamiento poco común en un ambiente donde el espíritu demagógico estaba a la orden del día. Consideremos dos ejemplos:

> Quisiera contar con el espacio suficiente para llevaros a la miserable habitación de un hombre de pueblo y mostraros su vida con su mujer y sus hijos, tal como yo he tenido oportunidad de verla por motivo de mi profesión, y entonces comprenderíais lo grosero del sofisma con que se disculpan los magnates de su indolencia, cuando dicen que el obrero es desgraciado porque es vicioso, y os convenceríais de que en realidad es vicioso porque es desgraciado, porque, por más que trabaja, las necesidades no desalojan su cuarto humilde, porque necesita estímulos para sus nervios extenuados, porque necesita distracciones y no las encuentra honestas más que a un precio que no puede pagar[54].

Refiriéndose a la brutalidad represiva que se empleó para sofocar tres de las grandes protestas obreras, llega a acusar al gobierno de explotador y de estar asociado a los dueños del capital:

> ...por tres veces se les ha respondido fusilándoseles del modo más salvaje: las matanzas de Taltal, Antofagasta e Iquique han demostrado a los 60.000 obreros que producen la riqueza del país, que no deben esperar nada del gobierno, porque está formado de explotadores del pueblo, que hacen causa común con sus duros señores, los dueños del salitre[55].

Un examen cuidadoso de las ideas de Venegas muestra, no obstante, que su posición proviene del mismo trasfondo ideológico de Letelier; por esta razón, la militancia obrera es vista por él como manifestaciones de trastornos incubados por la ineptitud del régimen gobernante, responsable, por tanto, de la anarquía que impera en la totalidad social:

> El anarquismo es el fruto del hambre, del frío, de la miseria, de la ignorancia y de la abyección que ya tiene desesperados a los más, a causa de la rapiña y la inhumanidad de los menos[56].

Objetivamente, Venegas termina haciendo la misma advertencia de quien fuera rector de la Universidad de

48

Chile cuando éste cita la apóstrofe del tribuno romano:
"Ceded vuestras riquezas si no queréis que un día os sean
quitadas todas." Incluso, todo el libro está escrito en forma
de cartas dirigidas al Presidente de entonces, Ramón
Barros Luco, a quien el autor insta a tomar medidas antes
que sea demasiado tarde, lo cual se desprende claramente
del siguiente ejemplo: "No señor, no esperemos que lleguen
días tan aciagos para acudir al remedio"[57].

El "remedio" de que aquí se habla tiene, por supuesto, el
contexto específico de detener la amenaza de la lucha
social. Esta postura ideológica resulta aun más explícita
cuando Venegas recurre a una tipificada imagen del
momento, en la cual el pueblo aparece asociado a la
naturaleza propia de la bestia hostilizada:

> ¡ay de nosotros, señor el día en que esas tropas de carneros
> hoy, que tan duramente empleamos en nuestro provecho, se
> conviertan en leones, comprendiendo que así como tienen
> derecho al aire que les da su oxígeno para alimentar la vida
> en sus pulmones, también lo tienen para la tierra que da los
> productos que alimentan la vida de sus estómagos! ¡Ay de
> nosotros cuando vean que ahora son ellos la fuerza mayor!
> ¡piensen en reivindicar con el hierro, con el fuego, lo que con
> el hierro y el fuego les quitaron![58]

La exacerbada advertencia es precisa y se explica en una
homología: impedir que el animal-pueblo pueda convertirse
en fuerza destructora en su afán por satisfacer las
necesidades más primarias.

Tancredo Pinochet fue otro de los intelectuales que
adquirió fama por sus violentos ataques a la oligarquía y
por la aparente incondicionalidad con que urge a mejorar
el nivel de vida de las masas. En uno de sus ensayos,
redactado también, curiosamente, en forma de carta a uno
de los presidentes de la República, expone con
apasionamiento la explotación a que está sujeto el inquilino
de la hacienda chilena[59]. Al igual que los anteriores, la
perspectiva crítica de Pinochet en este escrito tiene un
fondo moralizante que pretende "hacer entender" a la
oligarquía que las reformas propuestas por él están dentro
de un proyecto donde se contempla "la propia
conveniencia" de este sector. En otras palabras, no ve
contradicciones entre sus propios intereses y aquellos del
grupo que ataca. El siguiente comentario sintetiza esta
idea:

> He dicho que el noventa por ciento de la población de
> Chile no es nada, Excelencia, o es una recua de animales, a
> quienes se les tiene deliberadamente en este estado de
> salvajismo por el torcido criterio de una oligarquía de ideas
> rancias, que no es capaz de comprender su propia
> conveniencia[60].

La asociación entre pueblo y bestia que aparece de nuevo
en esta cita se hace evidente en todo el ensayo de Pinochet,
imagen que debemos destacar resulta tipificada en
innumerables comentarios sociales hechos en la época.
Obviamente, esta tendencia a comparar la condición
material de los sectores populares y su posible reacción
ante la miseria a la del animal hambreado o perseguido,
contribuye a hacer más efectivo el llamado de estos
reformadores sociales, porque, no olvidemos, la idea
central que los mueve es advertir del peligro que
significaría la determinación por parte de las masas
empobrecidas de ejercer la violencia. Hay detrás de esto,
empero, una intencionalidad político-ideológica que merece
ser aclarada.

La creencia de que el problema social encontraría
solución en la medida que las necesidades más elementales
del pueblo sean satisfechas, lleva implícita la negación del
papel histórico que el socialismo le entrega a los sectores
populares, o sea, la de no ser meros recipientes pasivos de
la benignidad del sistema, sino, por el contrario, la de
agentes conductores en el proceso transformador de la
sociedad. Esta concepción mecánica de causa y efecto está
ligada, pensamos, a la teoría de las funciones que el
positivismo define para la clase obrera —punto que se
mencionó al tratar a Comte—en la cual al hombre
proletario se le hace poseedor de una naturaleza instintiva
que lo empuja a sólo buscar el placer y la satisfacción de
necesidades primarias, a diferencia del capitalista quien se
distingue por su espíritu previsor (ahorrativo), donde
naturalmente se concentra el capital y, por lo tanto, su
derecho a ser grupo rector de la sociedad.

Ideológicamente, lo que acabamos de exponer conduce a
dos esquemas básicos. En primer lugar, establece la
imposibilidad de que la clase trabajadora pueda aspirar a
convertirse en grupo dirigente; por esto, la igualdad social
nunca se contempló dentro del proyecto reivindicacionista,
sino que, como ha sido dicho anteriormente, lo esencial era

la búsqueda de la estabilización del sistema a través de reformas que fueran a distender la actitud militante del obrero y a crear condiciones en él que lo impulsen a "cooperar" con el capital. Por otra parte, se define una situación de dominio determinada por la responsabilidad que se arroga el sistema de "regenerar" a ese ser primario para inculcarle el respeto necesario a toda la realidad valórica de que se compone el orden burgués. Esto último, claro, sólo surge como necesidad cuando el proletario empieza a representar una amenaza objetiva a la integridad de este orden. Se entra, pues, a un período caracterizado por la actitud ideologizante que asume el sistema en su relación con esta clase. El carácter populista del gobierno de Alessandri está, creemos, entroncado en este fenómeno. También, el incipiente desarrollo industrial que se experimenta en la época, crea el imperativo de formar hombres especializados en el campo laboral, de donde se entiende la preocupación que hubo por educar al obrero. Además, hay que recordar que la penetración del capital nortemericano introdujo formas de producción técnicamente superiores a las de sus antecesores ingleses.

Por período ideologizante en el caso específico de Chile, comprendemos el fenómeno que contempla en forma constitutiva permear en todas las esferas de la vida las virtudes de la sociedad burguesa, especialmente en los sectores sociales cuyos intereses se encontraban en contradicción con el sistema imperante, sólo en la medida que esto fuera realizable, la "paz social" (estabilización) deseada sería posible conseguirla.

Reflejo del espíritu demagógico de Alessandri fue su inclinación al uso de frases populares. Una de ellas, la más conocida, "El odio nada engendra, sólo el amor es fecundo", la utilizó en muchas ocasiones en sus discursos para referirse a la necesidad de fomentar la armonía social. Esta frase, sea dicho de paso, alcanzó tal popularidad que todavía en la década de 1950 era posible encontrarla en conspicuos letreros públicos. Arrancadas de toda contextualización, estas palabras podrían sólo apuntar a una situación ideal, desligadas de toda connotación interesada. Sin embargo, su significado concreto y el que explica de manera radical su verdadero contenido ideológico, lo precisa el mismo Alessandri cuando se dirige a un grupo de obreros en 1938, durante su segunda presidencia: "El odio nada engendra, sólo el amor es fecundo. Es menester producir la unión entre capital y trabajo"[61]. He aquí un ejemplo claro e irrefutable de como una totalidad ideológica se puede encubrir en las palabras aparentemente más inofensivas, en las cuales, no sería aventurado decir, puede descansar la comprensión de todo un período histórico.

NOTAS

[1]Respetando diferencias metodológicas y teóricas, esta caracterización general en el desarrollo socio-político chileno es sostenida, entre otros, por Marcelo Segall, *El desarrollo del capitalismo en Chile* (Santiago: Editorial del Pacífico, 1953); Ian Roxborough, Phillip O'Brien y Jackie Roodick, *Chile: The State and Revolution* (London: the Macmillan Press, 1977); Aníbal Pinto, "Desarrollo económico y relaciones sociales," *Chile hoy* (México: Siglo Veintiuno, 1970); Enzo Faletto y Eduardo Ruiz, "La crisis de la dominación oligárquica", *Génesis histórica del proceso político chileno actual*, segunda edición (Santiago: Quimantú, 1972).

[2]Segall, pp. 41-42.

[3]*Ibid.*, p. 125.

[4]*Ibid.*, p. 125.

[5]*Ibid.*, p. 127.

[6]Esta idea es señalada por Segall y Roxborough et al.

[7]Pinto, p. 6.

[8]Véase Roxborough et al., p. 7.

[9]*Ibid.*, p. 7. La traducción es nuestra.

[10]Al respecto, Pinto manifiesta que la República Liberal "...correspondió a una 'diversificación' del contenido social de la coalición dominante, pero siempre la dejó circunscrita a una oligarquía estrecha, pero no cerrada, con claros intereses comunes, que sobrepasaban sus roces 'sectoriales'", pp. 8-9.

[11]Véase Segall, pp. 200-204.

[12] *Ibid.*, p. 205.

[13]Citado.

[14]Al respecto, véase Pinto, pp. 10-11.

[15]Faletto y Ruiz, p. 11.

[16]Véase Segall, p. 237.

[17]Faletto y Ruiz, p. 14.

[18]En el proceso de desarrollo de la conciencia del proletario y su relación con el enclave salitrero, cabe señalar otro factor importante que Aníbal Pinto expresa de la siguiente manera: "...la migración masiva hacia el norte minero estableció una 'correa de trasmisión' con el sur: campesinos, obreros y parientes se desplazaban en ambas direcciones, diseminando las ideas y actitudes que afloraban en el salitre...", p. 12.

[19]Para una visión más completa de estos datos que hemos señalado sobre la actividad y problemática obrera del período, véase los libros de Jorge Barrúa, *El movimiento obrero en Chile* (Santiago: Colección Trígono, 1971); Allan Angell, *Partidos políticos y movimiento obrero en Chile* (México: Ediciones Era, 1974); Luis Vitale, *Interpretación marxista de la historia de Chile* tomo V (Barcelona: Fontamara, 1980).

[20]Sobre el papel desempeñado por la Unión Socialista, las Sociedades de Resistencia y la Federación de Trabajadores de Chile, véase Barrúa, pp. 22-24 y 29-30.

[21]Véase Vitale, p. 53; y Barrúa, p. 50.

[22]Segall, p. 314.

[23]Pinto, p. 11.

[24]Faletto y Ruiz, p. 24.

[25]Véase Alberto Baeza, *Radiografía política de Chile* (México: B. Costa-Amic, 1972), p. 129.

[26]Baeza constata este hecho con la siguiente afirmación: "Dos meses y medio después de la entrada triunfal de Alessandri a Santiago [1925] llegaban, sin fanfarrias, los expertos en materia

económica a quienes se les iba a deber la nueva estructura financiera del país. Estaban encabezados por el profesor de economía de la prestigiosa Universidad de Princeton: Mr. Edwin Walter Keremer. Formaban parte de la misión técnica: H. H. Jefferson, W. W. Rendick, J. T. Byrne y Henry H. West. El Banco Central de Chile surgiría de aquel trabajo de los técnicos norteamericanos", p. 143.

[27]Vitale, p. 56.

[28]Véase Faletto y Ruiz, pp. 17-18 y 26-28.

[29] Estas ideas se desprenden claramente del programa que Alessandri presentó a la Convención de la Alianza Liberal, celebrada el 25 de abril de 1920, con motivo de su elección como candidato a la presidencia. Véase, al respecto, Ricardo Donoso, *Alessandri agitador y demoledor* (México: Fondo de Cultura Económica, 1952), pp. 242-243. También, Sol Serrano, "Arturo Alessandri y la campaña electoral de 1920," en R.F., ed., *7 Ensayos sobre Arturo Alessandri Palma* (Santiago: Instituto Chileno de Estudios Humanísticos, 1979), 68-69.

[30]El libro de Donoso, *op. cit.*, además de ser indispensable para tener una visión "desde adentro" de los hechos relacionados con la historia política de Alessandri en este período, es también útil porque, a través de sus páginas, se revelan detalles interesantes sobre lo que constituyó la personalidad de esta controvertida figura.

[31]Arturo Alessandri, *Pensamiento de Alessandri*, ed. René León Echaiz (Santiago: Editora Nacional Gabriela Mistral, 1974), p. 27, carta a René Leon Echaiz. En su libro *Recuerdos de gobierno*, tomo I (Santiago: Nascimento, 1967), p. 33, Alessandri expresa una idea semejante: "Mi mayor energía gastada para probar la necesidad urgente e impostergable que existía en orden a establecer una legislación social sobre la base de la solidaridad humana y de justicia social para producir la armonía entre el capital y el trabajo, problema que debía resolverse no sólo por razones de humanidad, sino de conveniencia económica y de conservación social," citado por Mariana Ylwin e Ignacia Alamos, "Los militares en la época de don Arturo Alessandri," en R.F., ed., *7 Ensayos...*, p. 330.

[32]Emilio Bello Codesido, *Recuerdos políticos* (Santiago: Nascimento, 1954), p. 148.

[33]Alessandri, p. 26, citado del libro *Historia de América* bajo la dirección superior de Ricardo Levene. Rectificaciones al tomo IX (Santiago: Universitaria, 1941), p. 94

[34]*Ibid*, p. 25, discurso pronunciado en Talcahuano, diciembre de 1923.

[35]A esta conclusión llegamos después de leer el libro de Leopoldo Zea, *El pensamiento latinoamericano* tomo II (México: Pormaca, 1965), donde analiza en extenso (pp. 4-53) la forma como se manifestó el comtismo en Chile.

[36]*Ibid.*, p. 13.

[37]Véase, al respecto, el trabajo de Carlos Marx, escrito sobre los acontecimientos concretos ocurridos en Francia entre 1848 y 1851, "El Dieciciocho Brumario de Luis Bonaparte," *Obras Escogidas* (México: Ediciones de Cultura Popular, s/f), pp. 93-185. Desde una perspectiva más relacionada al fenómeno estético-ideológico, estas ideas también las expone con gran profundidad Georg Lukács en "Marx y el problema de la decadencia ideológica", *Problemas del realismo* (México: Fondo de Cultura Económica, 1966). En el mismo contexto, el libro de Carlos Nelson Coutinho, *El estructuralismo y la miseria de la razón* (México: Ediciones Era, 1973), véase especialmente el capítulo "El problema de la razón en la filosofía burguesa," pp. 16-46. También, la obra de Arnold Hauser, *La historia social de la literatura y el arte*, tomo III (Madrid: Guadarrama, 1969), el capítulo "El Segundo Imperio," pp. 77-130.

[38]Comte, dentro del esquema general de su concepción evolucionista, considera que el positivismo, en cuanto a teoría "científica" de la sociedad, nace naturalmente como la única alternativa posible para solucionar la crisis europea: "Aquí encontramos una coincidencia que con seguridad no es fortuita. En el preciso momento cuando la teoría de la sociedad (el positivismo) se construye, una inmensa esfera se abre para la aplicación de esa teoría; en la dirección, especialmente, de la regeneración social de Europa Occidental. Ya que, si adoptamos otro punto de vista, y observamos la gran crisis la historia moderna, en la medida que sus rasgos se muestran en el curso natural de los sucesos [históricos], se hace cada día más evidente de cuan imposible es la reconstrucción de instituciones políticas sin una remodelización previa de las ideas y de la vida. Formar entonces una síntesis satisfactoria de todas las concepciones humanas es las más urgentes de nuestras necesidades sociales: y esta es igualmente necesaria para el Orden y Progreso," véase Augusto Comte, *A General View of Positivism*, tr. J. H. Bridges de la segunda ed. francesa (1851; London: Trubner and Co., 1865), p. 2. Esta y todas las traducciones posteriores de la obra de Comte citadas son nuestras.

[39]En clara referencia a los movimientos revolucionarios de la época, denominados "subversivos," Comte es enfático al declarar: "El positivismo es el único sistema que puede invalidar los varios esquemas subversivos que día a día están creciendo en todas las relaciones de la vida doméstica y social", *Ibid.* p. 5.

[40]En el contexto de sus opiniones sobre la teoría comunista, ésta es una polémica central en toda su obra *A General View of Positivism*. Véase especialmente el capítulo "The Action of Positivism Upon the Working Classes", pp. 134-217.

[41]*Ibid*, p. 405.

[42]Véase "The Action of Positivism...". También, al respecto, los comentarios críticos de Herbert Marcuse, *Reason and Revolution*, segunda ed. (New York: Humanities Press, 1968), pp. 356-359.

[43]Comte, p. 139 y 159.

[44]*Ibid.*, p. 159.

[45]*Ibid.*, p. 396.

[46]*Ibid.*, pp. 394-395

[47]*Ibid.*, p. 163.

[48]*Ibid.*, p. 161.

[49]Valentín Letelier, "Los pobres," en Hernán Godoy, ed., *Estructura social en Chile* (Santiago: Universitaria, 1971), p. 272.

[50] *Ibid.*, p. 273.

[51]*Ibid.*, p. 281.

[52]*Ibid.*, p. 282.

[53]*Ibid.*, p. 282.

[54]Alejandro Venegas, "Alejamiento de las clases sociales en Chile," *Sinceridad* (Santiago: Universitaria, 1910), en *Estructura social...*, p. 294.

[55]*Ibid.*, p. 294.

[56]*Ibid.*, p. 297.

[57]*Ibid*, p. 298.

[58]*Ibid.*, pp. 297-298.

56

[59]El ensayo, publicado en forma de folleto, se titula "La hacienda de su excelencia" (Santiago: Casa Editora Tancredo Pinochet, s/f).

[60]*Ibid.*, p. 11.

[61]Alessandri, p. 198.

CAPITULO 2

EL ROTO: LOS SECTORES POPULARES Y LA ARTICULACION IDEOLOGICA DE UN PROYECTO REGENERATIVO

El Roto de Joaquín Edwards Bello a pesar de ser una de las obras más conocidas de la novelística chilena[1] no ha merecido hasta ahora un estudio que busque formular críticamente la postura ideológica que en ella se plasma. Tanto en los escasos análisis críticos existentes, como en los numerosos comentarios aparecidos en las historias de la literatura u otros textos de carácter general, lo que se ha señalado remite a apreciaciones sobre los elementos más externos de la novela[2]. Salvo raras excepciones, estos juicios emitidos tienden a valorarla positivamente en cuanto a su proyección de documento de la realidad social chilena de los años que preceden al advenimiento del alessandrismo[3]. Incluso aquellos que ponen énfasis en destacar las deficiencias formales, que en general tienen que ver con los obvios defectos de composición y la excesiva crudeza de las descripciones naturalistas, terminan por reconocerle, total o parcialmente, méritos en lo relativo a su existencia como obra documental[4]. Alfonso Calderón, prologuista de la edición publicada en 1968, hace un comentario que resume esta actitud: "*El Roto*, por sobre el envejecimiento de ciertas técnicas y el desgaste de las palabras, sigue fiel a su propósito de denunciar críticamente un momento histórico"[5].

Esta virtud "de denunciar críticamente un momento histórico" ha sido reiteradamente concentrada en dos aspectos: por un lado, se destaca la posición radicalmente antioligárquica que asume Edwards Bello en este texto; por otra parte, se señala una ética comprometida con la lucha de las clases populares del período social que es tema de nuestro análisis. En uno de los muchos artículos que aparecieron en homenaje al autor de *El Roto* cuando ocurre su muerte, encontramos el siguiente juicio de un conocido crítico chileno, el cual sintetiza los dos aspectos antes mencionados al referirse al hombre y a su obra:

> legó su vocacion literaria al destino de los humildes.
> Testimonios de su sensibilidad son, entre otras obras, *La cuna*

de Esmeraldo y *El Roto.* Su pluma fue como un corvo terrible contra la oligarquía. Cáusticas e hirientes burlas que tiene clavadas en el espinazo esa casta parasitaria, son labor de este corajudo talentoso banderillero[6].

Menos estridente que el anterior, pero igualmente laudatorio, el escritor y crítico Andrés Sabella sostiene que la novela se publica en momentos:

...cuando los "rotos" comenzaban a levantar la cabeza de rebeldía y se escuchaban clarines de protestas ms allá de todas las circunstancias oficiales. *El Roto* adquirió, entonces, el valor de una antorcha encendida, disparada contra el rostro de todos los que le habían sumido en deshonores y lacerías[7].

Aquí, por supuesto, el término "roto" está usado como sinónimo de clase popular. Contextualizada la novela en el tiempo, resulta, entonces, que ésta vino a ser una especie de conciencia ("antorcha encendida") en el despertar político del pueblo. Mencionemos, además, que en esta reflexión hay una distorsión histórica, pues la lucha social en Chile se inicia décadas antes de la publicación de la obra, hecho que ya se señaló en el primer capítulo de este estudio.

Comentarios como los que acabamos de citar —que, volvemos a repetir, son representativos de un sector importante de la crítica— aportan muy poco a la comprensión de *El Roto.* Su anti-oligarquismo, si no se aclara el contorno social específico en que nace, no pasa de ser una mera abstracción. Más aún, colocarla dentro de un contexto de identificación con la lucha de las clases populares, creemos que es un error profundo que a la vez mistifica y deforma la relación de la obra con este sector social. Tanto la posición anti-oligárquica como la pretendida sensibilidad con el "destino de los humildes" que le asigna uno de los críticos antes mencionados, son parte de una realidad histórico-ideológica que debe examinarse a la luz de una concepción de mundo estructurada en torno al ideario reformista. Pensamos que sólo teniendo esto como base del análisis, la novela de Edwards Bello adquiere un sentido concreto y esclarecedor.

El hecho de que *El Roto* se haya publicado en 1920, año que es elegido Alessandri a la presidencia, no es algo que creamos tenga fundamental importancia y bajo lo cual preferimos evitar toda postulación que implique una relación cronológica mecánica entre texto literario y acontecimiento histórico. Lo importante es la contextualización epocal. Es necesario tener en cuenta que la novela surge en un horizonte político en que el movimiento reformista pugna por alcanzar un *status* hegemónico en la conducción del país. Puesto el relato en esta perspectiva, el mundo novelesco elaborado se proyecta como un instrumento de propaganda y afirmación ideológica de dicho movimiento.

El prólogo escrito por Edwards Bello tiene algunos elementos que merecen ser discutidos por cuanto apuntan a develar la temática del texto. En las primeras palabras de esta reflexión sobre su obra, el autor mantiene que el fin del relato no sería otro que el de pintar la vida del prostíbulo chileno:

> Se trata de la vida del prostíbulo chileno, que tuvo un sentido social profundo, por la constancia con que influyó en el pueblo y por el carácter aferradamente nacional de sus componentes"[8].

Fiel a su formación naturalista, Edwards Bello le asigna a su libro un valor documental sobre este tema:

> Ahora que se cerraron esos salones donde las asiladas sonreían ceremoniosamente; ahora que se apagaron esas cuecas tamboreadas, este libro adquiere un valor especial de documento (p. 1).

Ocurre, sin embargo, que el escritor en el mismo prólogo parece contradecirse, al declarar, unas líneas más adelante, una intención de mayor amplitud a la sostenida antes, ya que el mundo hampesco del prostíbulo pasa a ser para él una extensión genérica de la categoría "pueblo chileno": "El autor sorprendió las actividades íntimas del pueblo chileno en su fatal oscuridad..." (p. 1). Se hace, también, obvio que para Edwards Bello "pueblo" es homólogo a clases populares, algo que él mismo se encarga de precisar al decir que la novela: "Es una reconstitución apasionada de la vida popular que se extingue" (p.1). En las palabras finales del prólogo defiende la justeza de su tesis sobre otras visiones aparecidas en torno al "pueblo chileno". Asimismo, califica a su obra de "cosmorama", o sea proyección amplia y totalizante de la realidad:

> A la siga de esta pluma han aparecido débiles antítesis, no por débiles y mediocres menos calculadoras, pero el público —supremo juez—, las ha rechazado siempre volviendo a este cosmorama intuitivo del pueblo chileno (p. 1).

El autor, por lo tanto, contradice lo que mantiene al principio del prólogo, definiendo una intención que va más allá de tratar el restringido espacio del prostíbulo chileno. Es precisamente este punto el que deseamos asumir en el análisis, porque a través de este submundo del lumpen *El Roto* elabora un esquema general de la realidad social en cuyo eje se encuentra la problemática de los sectores populares. El tótulo de la novela, también, reafirma esta idea. El término "roto," a pesar de los muchos sentidos que puede tener en Chile, tradicionalmente ha sido empleado para referirse en forma indiscriminada a las personas de extracción popular urbana, lo cual queda en evidencia en el relato.

Hemos ya establecido como hipótesis el compromiso de la obra con las posiciones reformistas de la época, lo cual en una acepción amplia significa que es un intento de documentar lo social para hacer prevalecer una tesis política. Las preguntas que ahora caben hacerse son: ¿por qué Edwards Bello recoge como material novelesco la vida del sector más abyecto de la sociedad, el lumpen, para a partir de éste intentar tipificar toda una visión de las clases populares? ¿Por qué el individuo bestializado por el vicio y alienado por su propia miseria y no, por ejemplo, el obrero del salitre que lucha con lúcida conciencia de clase? ¿Por qué la prostituta miserable y no la mujer que enfrenta con dignidad la dureza de su existencia proletaria? Interrogantes, a nuestro juicio, válidas porque curiosamente el hombre de extracción popular vive uno de los momentos más ricos de su historia. Y si hay algo que define su vida, al contrario de la visión deshumanizada que entrega la novela, es justamente el sentido heroico que adquiere su existencia, la voluntad liberadora y la combatividad expresada en innumerables ocasiones; es decir, lisa y llanamente nos encontramos ante un proceso de humanización de su figura. En este sentido, toda la problemática social, el convulsionamiento estructural que afecta a la sociedad chilena, está profundamente ligado a este fenómeno.

La respuesta a estas interrogantes debe indudablemente buscarse en el contenido político de la obra. Al recurrir a este ambiente de degradación extrema, de seres bestializados por la pobreza, la prédica reformista se funcionaliza en las ideas de regeneración social del pueblo, que es, no olvidemos, uno de los estandartes de lucha que sacan adelante los que se identifican con este movimiento. Además, el tono chocante a que este tipo de ambiente descrito necesariamente conduce, permite hacer más impactante y efectiva la advertencia: regenerar a la bestia acosada (el pueblo), en este caso por el hambre y la miseria, antes de que ésta actúe irracionalmente y ponga en peligro la integridad de toda la sociedad[9]. Esta imagen, reiterada por los intelectuales del reformismo como se indicara en el capítulo anterior, se concretiza novelescamente en *El Roto* en el motivo de la cacería y es en torno a ello donde se organiza la visión del mundo.

El Roto se estructura en base a la presentación de dos espacios sociales: el submundo del lumpen, encarnado en los habitantes de un barrio de prostíbulos santiaguinos y el mundo de los miembros de la oligarquía que detentan el poder político. Frente al primero la narración asume una actitud básica: documentar (dar cuenta de) la existencia miserable de los seres que allá viven hacinados. En oposición están las *elites* gobernantes: corrompidas moralmente, ineptas e insensibles a las necesidades de cambio que exige la sociedad. En la fábula, este último sector, sólo aparece marginalmente, sea a través de la introducción de personajes representativos o por medio de los comentarios del narrador, en los cuales se deja ver su postura crítica.

Desde las primeras páginas, en el momento en que se inicia la acción novelesca hasta el cierre del relato, el motivo que estructura el sentido de la acción es *la cacería*. Este no sólo contiene el hilo de la disgregada acción, sino que también a partir de él se puede descifrar la visión de mundo.

La acción comienza con un robo perpetrado por unos niños que habitan en el barrio de los prostíbulos. Uno de ellos, Esmeraldo, es el protagonista. La cruda descripción de los tres muchachos pone en relieve la degradación entre individuo y medio ambiente:

> Los chiquillos eran tres, igualmente sucios, de casposas pelambres, con pulseras de mugre en las piernas. Uno era débil y contrahecho, le llamaban Pata de Jaiva por tener los dedos de los pies abiertos y puntiagudos: otro, como de quince años, con costras en la cabeza, picado de viruelas; y por último uno chico, bien proporcionado, de facciones regulares, pero con la expresión torva y todas las marcas del vicio precoz. Parecían hechos bíblicamente con material del arroyo, con estiércol podrido y barro (p. 6).

Una vez descritos estos personajes entra en escena la contrapartida: los representantes de las clases gobernantes, quienes a medida que transcurre la narración serán identificados como pertenecientes a la oligarquía:

> Un coche avanzó majestuoso por el asfalto; mostraba la soberbia y el estrépito de una viga romana. Cuando se detuvo, saltó el lacayo del pescante y ayudó a bajar a una dama gruesa, de gran rumbo y una señorita insignificante, seca de expresión y de carnes (p. 6).

La carga irónica con que el narrador enfrenta esta situación es inescapable: la "soberbia" del coche, "dama gruesa y de gran rumbo", "señorita insignificante..., de expresión y carnes".

Simbólicamente, el enfrentamiento entre los dos espacios sociales se da cuando los tres muchachos que están al acecho le roban a la "dama" su escarcela y son perseguidos por unos hombres que presencian lo ocurrido:

> El grito ¡A ése! que despierta generalmente el instinto de la cacería en cuantos hombres lo escuchan, dejó impasibles a la mayoría de los espectadores. Los que corrieron tras el ratero eran caballeros, futres desconocidos (p. 7).

Con estas palabras se explicita la analogía entre la persecución y el motivo enunciado. El episodio no tiene desarrollo posterior en el resto de la novela; su inclusión, por lo consiguiente, pareciera justificarse para conformar la estructura de apertura-cierre, ya que la acción también termina con una escena donde se recrea una cacería. Nótese que el narrador realza el hecho de que los perseguidores son precisamente "caballeros" y que, en cambio, la mayoría de la gente queda "impasible", indicando seguramente que las demás personas pertenecían al mismo barrio de los truhanes. El empleo del término peyorativo "futre" infiere un enjuiciamiento negativo de estos hombres y, por ende, del acto que realizan.

En el desarrollo de la fábula, la trama tiene dos hilos principales: uno que sigue los pasos de Esmeraldo, a través de quien se quiere llegar a una tipología del hombre popular dentro del marco de la tesis social elaborada por Edwards Bello. El otro, es el que enfoca la vida de Fernando, conviviente de la madre de Esmeraldo. En él se proyecta al delincuente a sueldo que realiza los trabajos sucios de los políticos corrompidos; su presencia, por lo tanto, es el elemento de enlace que lleva al mundo de las clases gobernantes. El resto del relato no pasan de ser episodios inconexos donde se exponen diversos aspectos de la vida sórdida del prostíbulo.

Una vez presentado Esmeraldo en la escena del robo, unas cuantas páginas más adelante, se entrega un elemento significativo de su personalidad:

> Las malezas de los instintos primitivos crecían en él sin freno. Si ante su vista pasaba un automóvil, una bicicleta o una persona elegantemente vestida, sentía que una fuerza misteriosa, invencible, le impelía a atacar; su abrupta naturaleza de inadaptado vibraba rebelándose contra esas manifestaciones de la vida inaccesible, risueña, que eran como un reto a la inmundicia de su hogar, un desafío a un barrio pestilente (p. 14).

Esta revelación sobre el muchacho reitera la homología entre bestia e individuo socialmente marginado. Su función es clara: sirve como hipótesis en el *case study* que se levanta con el protagonista. La naturaleza instintiva se lleva a tal extremo que incluso Esmeraldo no ve los objetos ("automóvil", "bicicleta") sino que estos "pasan ante su vista", indicándose con esto la eliminación de toda capacidad reflexiva del mundo circundante. Resulta, asimismo, obvio en esta descripción la imagen del animal al acecho: "sentía que una fuerza misteriosa, invencible le impelía a atacar"; es decir, el espíritu de rebeldía que lo acompaña es visto como una reacción meramente primaria. La conflictividad del mundo, se pone de nuevo en antecedente al lector, es provocada por el enfrentamiento de la realidad de Esmeraldo y esa otra zona de privilegios intuída por él.

Inherente al modo de narración naturalista es la falta de relación recíproca entre individuo y mundo exterior. Los personajes pasan a convertirse en abstracciones ligadas a las formulaciones de origen positivista: ley de la herencia y del medio ambiente, selección natural, lucha por la vida, etc.. El ser humano, privado de una práctica rica y compleja, se transforma, así, en una categoría en función de tal o cual idea concebida *a priori*. Al destruirse esta dialéctica, se elimina también lo dramático, elemento que surge en el enfrentamiento entre individuo-mundo y donde se crea la dinámica de transformación de esta dualidad inseparable. De ahí que, en lo que se refiere a Esmeraldo, el proceso de cambio que se da en él aparezca bruscamente y sin antecedente alguno que lo justifique; en este sentido es tratado como una situación episódica más. Cuando el muchacho, caracterizado antes como un ser con inteligencia despierta, empieza a percibir "la crueldad de su vida", se le declara una depresión nerviosa que eventualmente lo sume en un estado de delirio, diagnosticado "como una fiebre cerebral". El muchacho logra, no obstante, vencer la enfermedad y cuando recobra la conciencia:

> ...le pareció que salía de una crisis con un renovamiento de energías; apto para trabar la batalla que se adivinaba tan cruda en el ajetreo de ese rincón mísero entre el polvo y los montones de estiércol. ¡Ya era un roto! Era fuerte. Había vencido las pestes y vicio de su cuna (p. 16).

El triunfo de Esmeraldo sobre el medio —inscrito en el concepto de la lucha por la vida— simboliza el paso de la niñez a la adolescencia, lo cual queda confirmado en la siguiente aseveración: "De su enfermedad salió con renovadas ansias: la evolución de la niñez a la adolescencia fue una explosión de fantasías y deseos locos" (p. 32). Pero, más importante aún, tal como se mantiene en la cita, la tranformación del personaje viene a significar su "encumbramiento" definitivo al *status* de "roto". Esta situación analógica al concepto de la selección natural y sobrevivencia del más fuerte, alude obviamente sólo a la capacidad física del muchacho para resistir los avatares de su sufrida vida. Más adelante en el análisis precisaremos el sentido que esta visión tiene con respecto a una tipología del hombre de extracción popular.

La renovación de Esmeraldo también es un elemento nuevo en su existencia que se traduce en una incipiente aspiración a una vida mejor, lo cual se desencadena en momentos en que se encuentra frente a un barrio acomodado experimenta "...la sensación neta y súbita de otra vida mejor" (p. 32).

En el párrafo siguiente a esta revelación, se contextualiza la idea dentro del sentido total de la novela:

> Las casas grandes y hermosas, con cúpulas y terrazas, le intrigaban sobremanera; creía adivinar en sus interiores la vida fastuosa de esa gente blanca, limpia y elegante que pasea por la Alameda en la parte de los graciosos jardincillos. La impresión que le produjera un cromo, representando una cacería real, que viera en una tienda, estaba asociado a una informe idea de mejor vida. En medio de eso quedaba reducido a una pequeñez lamentable. Pero la comparación mental aumentaba su deseo de vivir (pp. 32-33).

El cromo con la escena de la cacería explicita una vez más el motivo que hemos propuesto como estructurante en la visión de mundo. A través de esta instancia simbólica del grabado en el cromo se establece que el personaje es capaz de comprender la condición de su propia existencia, surgida en la asociación de la dualidad bestia-cazador. El contexto de las palabras citadas señala, claramente, que el cazador no sería otro que el habitante de esa región de "vida fastuosa" y su antagonista el mismo Esmeraldo. Por esto, el narrador se encarga de precisar que "...en medio de eso quedaba reducido a una pequeñez lamentable," aludiendo seguramente a la impotencia de cambiar su circunstancia de perseguido. El último comentario de la cita finiquita la visión entregada: "la comparación mental" (existencia personal-cacería) lo lleva a aumentar "su deseo de vivir," lo cual, no puede significar otra cosa que el instinto de conservación que nace en el animal cuando se siente acosado.

Esta escena actúa como preludio al desenlace de la obra. En términos naturalistas, la tesis ha sido expuesta sólo falta la comprobación de ella en el destino final del personaje. Significativamente, a partir de este momento, Esmeraldo prácticamente desaparece de la narración (cap. VIII) para volver a hacerse presente sólo en los últimos cinco capítulos (caps. XXII al XXVI) envuelto en una trama ingenua y artificiosa que conduce al desenlace. Carmen, muchacha del barrio, es aprovechada sexualmente por un joven miembro de la aristocracia que termina dejándola embarazada. El Pucho, individuo fascineroso, obliga al hermano de Carmen, Pata de Jaiva, que la convenza a ella a pedir dinero al amante a cambio de guardar silencio. En la cita concertada para realizar el chantaje, el Pucho acaba asesinando al aristócrata. Esmeraldo, quien por casualidad rondaba por el lugar, presencia todo lo ocurrido y en forma inexplicable se echa la culpa del crimen. Ni los hechos novelescos anteriores, ni aquellos que se desarrollan después elucidan una lógica interna a la inesperada confesión de culpabilidad del personaje, mostrando la falta de dialectización con que es concebida la fábula. La inserción de toda la escena —crimen y falsa confesión de Esmeraldo— responde, entonces, a una necesidad exclusivamente formal, cuya función está supeditada al carácter tésico del mensaje social. Así, el encarcelamiento temporal del muchacho, le sirve a Edwards Bello para ubicar al personaje en medio de una polémica nacional que le permitirá exponer dos corrientes de pensamiento en lo relativo a la cuestión social: la conservadora y la sustentada por el reformismo. Buscando recurrir al dato histórico —elemento que emplea en varias ocasiones— para crear mayor verosimilitud, el narrador parodia la posición conservadora inventando una cita aparecida en un artículo periodístico, en el que se enfoca la antisociabilidad de Esmeraldo en base a las teorías hereditarias en boga:

> ...veamos el análisis físico: dimensiones ligeramente anormales, índice encefálico 78,3 bracéfalo; leve asimetría cráneo-facial. Pabellones auriculares desiguales y lóbulos adherentes, paladar excarvado y asimétrico. Constitución física fuerte. El examen de los diferentes órganos revela taras hereditarias (p. 145).

A diferencia del narrador "objetivo" de la novela naturalista entendida dentro de los cánones clásicos, que pretende erguirse como expositor neutral de la realidad humana, el de *El Roto* se compromete amplia y explícitamente con la línea reformadora. Para él, "el caso Esmeraldo", el de todos los rotos, encuentra su explicación no en la herencia sino en la influencia del medio. Afirma la existencia de la lucha por la vida como forma básica de organización social, en la que se hallaría la clave para el mejoramiento humano. La vida, así, es concebida como una cacería donde el más fuerte siempre vence al débil. El roto, fortalecido por la misma precariedad de su existencia —hecho ya novelado con la enfermedad de Esmeraldo—, reúne las condiciones necesarias para llevar a cabo el combate por la sobrevivencia; sin embargo, siempre termina aplastado debido a la nefasta acción del medio y la falta de educación:

> En las luchas de la vida, que eran nada más que una cacería en la cual el grande se come al más chico para el mejoramiento y continuación de la especie, el roto, fuerte, inteligente, audaz, temerario, sucumbía irremediablemente por las condiciones en que vivía y la falta de educación. El extranjero y los nacionales que tenían más de extranjero que él, se lo iban quitando todo poco a poco. No podía ni siquiera culparles, pues generalmente le vencían con sus virtudes: su ahorro, sobriedad y organización del hogar (p. 150).

Es importante insistir que la crítica de Edwards Bello está centrada exclusivamente en la oligarquía y no en el conjunto de las clases dominantes. El pasaje que acabamos de citar surge en las páginas finales de la obra, en momentos en que los prostíbulos son destruidos y sus sitios puestos en subasta pública. "El extranjero y los nacionales" mencionados aquí son aquellos que han adquirido los terrenos con fines comerciales. Vale decir, las tres virtudes que el narrador aprecia en ellos están asociadas al hombre de empresa. Por el contrario, en la proyección de los miembros de la oligarquía al "ahorro" opone despilfarro, a la "sobriedad" ostentación y la "organización del hogar" la transmuta en corrupción moral.

Portavoz de las ideas reformadoras es también Lux, el periodista benefactor de Esmeraldo. Es un personaje que aparece en forma esporádica y de cuyas acciones el lector sólo se entera a través del narrador. Con excepción del capítulo IV, donde se menciona su nombre como autor del artículo periodístico crítico del sistema carcelario chileno, su presencia sólo se hace sentir al final de la obra. Su inclusión en el relato se justifica exclusivamente para reforzar la posición reformista y como instrumento del desenlace, donde yace la comprobación de la tesis.

Lux es el arquetipo del individuo demo-liberal de la época cuyo estandarte de lucha fueron las leyes previsionles como forma de dar respuesta a los agobiantes problemas enfrentados por los sectores populares. En otras palabras, el periodista es el espíritu modernizante que busca echar las bases jurídicas de un Estado promotor de la justicia social. Por esto mismo, él antepone a la previsión, la caridad ...como presuntuosa y sin base científica, impresionada por los efectos y no por las causas" (p.144).

A primera vista pareciera que el tratamiento de Lux tuviera una intencionalidad irónica. Su mismo nombre que le infiere calidad de "iluminado" podría conllevar una carga semántica negativa. Incluso, en un momento del relato se le identificará con el calificativo de "periodista evangélico". Esto, que podría interpretarse como "*lapsus* irónicos" del narrador no son tales, sino parte de la ingenuidad narrativa que caracteriza a toda la novela. Hay, además, un hecho que descarta esta posibilidad en el siguiente juicio:

> En la época del asesinato de Martí pocas ideas de regeneración social y administrativa habían entrado en Santiago. Por eso fue tomado como caso de desequilibrio mental el periodista Lux que se dio en defender a Esmeraldo (p. 143).

Este comentario revela un detalle curioso porque está contemporizado en un tiempo futuro al desarrollo de los hechos novelescos, cosa que no se vuelve a repetir en ninguna otra instancia del relato. Al hablar de un pasado carente de "ideas de regeneración social y administrativa", se establece analógica y tácitamente la creencia en un presente en el cual la sociedad chilena habría pasado por un proceso de mejoramiento. Sin duda, no queda otra explicación, Edwards Bello está aquí refiriéndose específicamente a las ideas en el campo previsional y a las modificaciones al interior del aparato estatal postuladas por el alessandrismo. El tiempo pasado, momento de la acción novelesca, está explicitado en el capítulo cinco cuando el narrador recurre a una serie de datos estadísticos para criticar al gobierno imperante; de ello se desprende que el autor tuvo como fuente de inspiración para la novela los años de 1908 a 1915, o sea el período inmediatamente precedente al movimiento que le tocó liderar a Alessandri. En este marco de pensamiento, el contenido de la cita anterior expone a Lux como un personaje-símbolo adelantado a la época que le corresponde vivir; en ningún caso, entonces, se podría aceptar una inferencia negativa en cuanto a su papel de reformador. Esto último es importante de tener en cuenta para entender el desenlace, ya que es aquí donde se "redondea" el mensaje político de la obra.

La fábula ingenua, siempre carente de dialectización, lleva al periodista a hacerse cargo de Esmeraldo luego que éste es dejado en libertad. El muchacho, sin embargo, maleado por el atavismo de su origen social no puede aceptar ni acostumbrarse a la perspectiva de mejor vida que se le ofrece; por eso, termina escapándose en busca de los suyos.

Los planes de Lux resultan fallidos porque el proyecto "regenerativo" propuesto por la novela contempla la creación de mecanismos constitucionales, antes de que se pueda aspirar a realizar cualquier cambio. La acción del benefactor, por el contrario, es puramente individual y solitaria en su iniciativa porque vive en una época todavía ajena a una sensibilidad reformadora. Nos encontramos, pues, ante una concepción programática en cuanto a lo que debe ser el proceso "regenerativo". De ahí su pretensión de ser científico, porque presupone modificaciones en las estructuras sociales que permitan sacar adelante dicho proyecto. Vista desde esta perspectiva la problemática de los sectores populares, resulta coherente que se proponga el paso de por lo menos una generación "educada de otra manera":

> Podían meterla a esa gente en una casa moderna, con agua corriente, baño y cocina perfecta; al poco tiempo el baño sería almáciga y la cocina, gallinero. Sentirían la nostalgia del olor caliente de la mugre que les arrulló. Hacía falta una generación educada de otra manera (p. 77).

Contenida en estas palabras está, también, la clave para entender la "nostalgia" que lleva a Esmeraldo a rechazar la ayuda que le ofrece Lux. La actitud despreciativa del narrador hacia el mundo que describe se hace evidente en el uso de "esa gente"; e incluso se percibe un tono de cruel mofa al oponer términos tan delicados como "nostalgia" y "arrullar" frente a la crudeza de otros como "almáciga" y "mugre".

La huída de Esmeraldo de la casa de su benefactor propicia el desenlace. Aquí la falta de imaginación novelesca para crear una fábula creíble es más patente que nunca. Cuando el muchacho es sorprendido por la policía en el cuarto del hotel con la antigua prostituta de la casa donde él vivía y se inicia la persecución de éste, Lux resulta ser uno de los perseguidores. Dentro del hilo narrativo la aparición del periodista no tiene ninguna causalidad y no hay antecedente anterior. Su presencia en esta escena es sólo funcional al acto simbólico: su muerte a manos del perseguido. La descripción que acompaña a este hecho hace resurgir el motivo de la cacería, sirviendo como cierre al relato:

> Ya iban a alcanzarle cuando se volvió de un salto y clavó un afilado puñal en la garganta del que tenía más próximo (p. 156).

Si se reemplazara "afilado puñal" por "afilados colmillos", tendríamos, sin duda, la perfecta imagen estereotipada del animal que salta sobre su presa. En esta acción se consuma la advertencia que Edwards Bello ha venido preparando *in crescendo* a través de toda la narración y en la que se sintetiza el mensaje político: la bestia maltratada y acosada ha reaccionado violentamente en un acto primario de defensa.

El análisis de la motivación interna que impulsa a Esmeraldo a "atacar" tiene una referencia de clase, lo cual se precisa en la novela momentos antes de que se geste el crimen:

> Pero sentía un odio creciente por Lux, por todos los que no eran de su casta. A pesar de su roce con los burgueses él no podía excecrar su rincón (p. 151).

El odio de Esmeraldo expresado en estas palabras es desencadenado al contemplar su barrio destruído, el alejamiento de su madre y hermana y de todo aquello que él considera intrínsecamente suyo. Es el roto empujado al desamparo más absoluto, donde hasta el *habitat* se le niega. Lo importante de todo esto es la perfilación que se le da dentro de un contexto de clase: "...sentía un odio creciente por Lux, por todos los que no eran de su casta". Ya hemos señalado que Edwards Bello, con Esmeraldo, ha querido levantar un prototipo de todos lo rotos, con lo cual, a su vez, busca iluminar en una problemática nacional que concierne a la situación de las clases populares. Por esto es que el empleo del término "casta" aplicado a Esmeraldo se propone como una categoría social que excluye a los "burgueses". El crimen, al estar concebido desde esta perspectiva, tiene por consiguiente un carácter indiscriminado. Cuando, por ejemplo, el perseguido le entierra el puñal a Lux, no lo hace particularizando a éste, con ello simplemente se refleja la reacción instintiva dirigida en contra del "burgués" que tenía más próximo[10].

En el desenlace de la obra subyace, pues, dentro del motivo que hemos postulado como estructurante, la coherencia interna de una visión de mundo aprehensible a partir de un discurso político-ideológico que tiene como base principal de sustentación advertir sobre la necesidad de reformar el orden social antes que el hombre, acosado por la miseria, sea impulsado a la violencia[11]. La concreción histórica que este mensaje tiene en los intereses de clase del reformismo, niega, creemos, la postura de compromiso con la lucha de los sectores populares que la crítica ha creído ver en la novela, perspectiva que resulta aún menos aceptable al examinar la caracterización del hombre y la mujer popular en el texto, donde es percibible un conjunto de imágenes cargadas de prejuicios e ideas deformadoras que lindan incluso en el racismo más desnudo.

La configuración de los personajes que habitan el espacio ocupado por Esmeraldo está sin duda entroncada al discurso reformista. Así, la miseria, el vicio, la promiscuidad y la violencia son rasgos característicos que definen a este grupo social a partir de la influencia negativa que ejerce el medio, la cual, como se ha repetido antes, es propiciada por la insensibilidad de la clase gobernante, connotada en este caso específico en la oligarquía. Sin embargo, junto a esta concepción del "medio" como categoría determinante en la conducta del individuo, aparece otra, también ligada al naturalismo, que ve en el atavismo racial, sobre todo aquel proveniente de la herencia indígena, el responsable de mantener ciertos modos conductuales negativos. Dentro de la proyección del pensamiento reformador, este factor de ningún modo implica una posición fatalista frente al elemento hereditario racial, es decir, la imposibilidad de cambio. Al contrario, al ubicar los supuestos vicios asociados a un determinado grupo étnico, significa emprender una tarea regeneradora a través de la acción de las instituciones sociales dispuestas para llevar a cabo tal empresa.

Es interesante observar que medio y raza son aspectos que surgen en momentos específicos de la estructura narrativa. El primero, indicado ya en páginas anteriores, aparece fundamentalmente a través de la perspectiva reformadora que asume el narrador y que es captable en los comentarios explícitos sobre la realidad social chilena.

El factor racial, por otra parte, es algo que no se extrae del análisis mismo de una situación novelada. Se establece, entonces, una especie de disociación entre la interpretación del mundo que nos entrega el narrador y la perspectiva que emerge de ciertos hechos narrados.

En *El Roto* este fenómeno es inherente al rasgo demagógico del narrador —panfletario si se quiere— que lo impulsa a tomar una actitud "interesada" en propagar el discurso más salvable del reformismo: la influencia del medio, lo cual le sirve también para funcionalizar la actitud crítica que tiene sobre la *elite* gobernante, ya que ésta es vista como responsable de mantener y perpetuar lo que tiene de nefasto el medio. De haberse, en cambio, explicitado la inferioridad del indígena como promotora del atraso reinante entre los sectores populares, nos habríamos encontrado ante una actitud "antagónica" y no "conveniente" al papel de reinvindicador social que asume el narrador. El esquema racial, por esto, aparece más soterrado y remite a una ideología funcionando a nivel menos consciente.

El factor racial es asimismo importante porque a partir de éste se llega a una tipología del "ser popular", adecuándose a ese carácter de "cosmograma del pueblo chileno" que el mismo autor definiera para su novela. Este aspecto en el contenido de la obra es uno de los elementos que la ubica dentro de la noción de la "búsqueda de las esencias nacionales", lo cual ha significado su inclusión dentro del movimiento criollista chileno.

El aspecto racial de la novela, en cuanto a categoría determinante en la formación de un grupo humano, concretizado aquí en los sectores populares, lo consideramos importante porque está racionalizado en una teoría que homologa la raza con la conducta social. Más aún, en la medida que este aspecto es parte de un cuerpo organizado de ideas que hegemonizan el pensamiento de una época —el sociologismo de corte positivista—, es posible llegar, a través de él, al encuentro con la base de una ideología.

En *El Roto* se hacen presentes con toda nitidez el mestizo, el indio y el español, los tres tipos fundamentales en la composición étnica del pueblo chileno. De este intento "cosmográfico" de Edwards Bello por llegar a las "esencialidades" de una nación, surge una visión de las clases populares tipificada en el pensamiento de la época,

lo cual queremos dejar en evidencia con la breve mención
de un libro, clásico en el sociologismo positivista que fue
publicado en 1926 y cuyo autor es Alberto Cabero. Este
texto, titulado *Chile y los chilenos*, es un esfuerzo abarcador
por establecer una especie de psico-sociología del habitante
chileno. De las páginas que Cabero dedica a comentar
sobre el individuo de origen popular, se extrae un esquema
racial y caracteriológico semejante al que maneja Edwards
Bello para construir sus personajes.

Como se indicara en otro momento del análisis, el título
de la novela de Edwards Bello, adecuándose a ese carácter
cosmográfico de la realidad chilena, apunta a señalar una
categoría genérica del hombre popular. Para Cabero,
también, "roto" e individuo de extracción popular significa
una misma cosa:

> El tipo de clase popular es apodado el roto, apodo que
> tuvo su origen en la falta de ropa de los conquistadores; se da
> al inquilino, al gañán, al hombre que trabaja a jornal, por
> extensión al hombre pobre e iletrado[12].

Al manifestarse sobre las características psico-sociales de
este grupo, el autor de *Chile y los chilenos*, lo hace desde
una perspectiva de insoslayable connotación racista, por
cuanto ve la herencia indígena como responsable de
transmitir una serie de vicios y defectos tradicionalmente
imputados en la época a la gente de pueblo[13]:

> ...del andaluz, las clases bajas han heredado la ligereza del
> juicio, la despreocupación del porvenir, el fatalismo; del
> indio la misma tendencia fatalista, la inclinación al
> alcoholismo, al robo, a la violencia, a la acometividad[14].

En *El Roto* se reproduce casi perfectamente este esquema
caracteriológico.

El alcoholismo fue, por ejemplo, uno de los temas
reivindicativos más utilizados por la prédica reformista y al
que la novela presta especial atención:

> Desde el sábado al atardecer y todo el domingo es osado
> aventurarse por esos contornos donde flota la influencia
> asesina del licor. Los obreros pagan tributo a Baco,
> obedeciendo a un salvaje atavismo que les llama con fuerza
> ciega (p. 5).

Este comentario aparece al comienzo del relato cuando se describe el arrabal de la estación. La nota importante de destacar en la cita es que el alcoholismo no sólo está visto como un vicio propiciado por el medio nefasto del barrio de los prostíbulos, sino que, genéricamente, se le atribuye a toda la clase obrera ("los obreros pagan tributo a Baco"); además el narrador puntualiza de manera inequívoca que dicho vicio proviene de una realidad atávica, es decir, es herencia de un factor biológico-hereditario, sin duda atribuido al indígena.

El fatalismo, como parte de una naturaleza propia de los sectores populares, es otro elemento reiterativo en toda la narración. Otra vez, este rasgo negativo aparece asociado al indígena, lo cual es explicitado en la siguiente descripción que se hace de las prostitutas: "Soportaban sin emoción la caída como soportarían en adelante los golpes y ultrajes, sin inmutarse, con el fatalismo indígena..." (p. 10).

En otra parte del relato, queda claro que esta dimensión caracteriológica no es sólo parte de una realidad captable entre la miseria de la prostitución, sino es proyectada a todo el pueblo, hecho que resulta evidente cuando el narrador califica el "cansancio" y la "apatía" reflejada en los rostros de los personajes como parte de la "...gravedad fatalista que se diría estereotipada en las caras populares" (p. 88).

La inclinación al robo, a la acometividad y a la violencia, que Cabero postula como tendencias heredadas del indio, se hacen también presentes en todo el desarrollo de la acción novelesca: el robo que perpetra Esmeraldo con sus amigos al inicio del relato, la violación de la hermana de Esmeraldo, el asesinato del joven aristócrata y de Lux; hay, además, otros episodios violentos que se describen en medio del ambiente viciado de los prostíbulos. En la personalidad de Esmeraldo, por ejemplo, se busca hacer prevalecer una naturaleza agresiva y propensa a la violencia, que en el caso del primer rasgo está de manera explícita conectada a su sangre indígena en el comentario: "Tenía el color aceitunado y esa figura rotunda y agresiva de los efebos indígenas" (p.14). Por otra parte, la tendencia a la violencia es algo que se adscribe a toda la personalidad del muchacho que de algún modo hemos tocado antes cuando nos referimos a esa naturaleza instintiva que lo impelía a atacar y que enmarcamos dentro del motivo básico estructurante de la visión de mundo.

El esquema racial de Cabero —mestizo, indio, español— está, asimismo, nítidamente configurado en el núcleo familiar de Esmeraldo: "Por parte del padre, como puede adivinarse por el apellido Llanahue, tenía sangre india, de Arauco; la madre era de origen español puro, con antepasados vascos y andaluces" (p. 8). En su calidad de mestizo, el muchacho, entonces, conforma la composición racial perfecta del "roto" que el mencionado autor antes definiera.

El padre de Esmeraldo aparece en la narración marginalmente. La única vez que hace acto de presencia en la acción novelesca, así como en las contadas ocasiones que se hace mención de él —vía recuerdos de Esmeraldo o comentarios del narrador— su existencia en la novela está para hacer prevalecer algunos de los mismos vicios y defectos que Cabero imputa al indígena. De todos los personajes populares que desfilan por la novela, es él quien precisamente emerge como el más degradado. Proyectado como un sátrapa de crueldad inusitada, su personalidad alcohólica, violenta y criminal conjuga los rasgos que se le asigna al indio. Por ejemplo, en una instancia es descrito como "...una bolsa de vino, pendenciero, incapaz..." (p. 15). También, en forma más específica, se hace alusión a su naturaleza violenta: "A su paso estallaban las disputas como si tras él se encendiese un reguero de pólvora" (p. 15). Esmeraldo lo recuerda como "una especie de sátrapa, de bestia que era preciso acallar con comidas y mentiras" (p. 15).

El alcance antes hecho sobre la disociación entre ciertos hechos narrados y los comentarios explícitos del narrador para referirse a la realidad social del momento está evidenciado con la presentación del padre de Esmeraldo. Por un lado, a través de la caracterización de este personaje se hace sentir el peso de una visión que, consciente o inconscientemente, remite a proyectar la inferioridad racial del indio. Por otro, en cambio, se introduce la perspectiva reformadora donde la degradación de este individuo es vista desde la influencia negativa del medio. Esto último está ejemplificado en el escándalo público que produce la acción de los presos en la cárcel de Santiago. Influídos por el alcohol, luego de haber bebido lo que es descrito como "un brebaje infernal", los reos llegan a un estado de locura perpetrando actos sanguinarios que resultan en la muerte de tres de ellos, entre quienes se encuentra el padre de Esmeraldo. La presencia explícita del narrador se hace sentir en esta escena porque se entrega al lector en forma de una cita textual proveniente de un supuesto artículo escrito por Lux, donde se introduce por primera vez la voz crítica del periodista con un llamado apasionado a reflexionar y tratar de corregir las condiciones sociales que originan este tipo de aberraciones en el sistema carcelario chileno. Aquí, por lo tanto, el narrador, haciendo eco a ese carácter documental que adquiere el relato en varios momentos, busca apoyar su propia perspectiva reformadora en fuentes "autorizadas", en este caso representada por Lux.

El hecho de que Clorinda, la madre de Esmeraldo, sea caracterizada como de "origen español puro", es un elemento más en apoyo a la proyección negativa del indio. De los personajes que habitan el arrabal de los prostíbulos, ella es la única que escapa parcialmente de la totalidad degradada de ese ambiente. Su inclusión en la novela, tanto por su etnicidad hispánica como por sus virtudes, está en claro contraste con el envilecimiento extremo con que es presentado su marido indígena. Es hacendosa, limpia, defiende el derecho a pertenecer a un sólo hombre y muestra preocupación por el futuro de sus hijos. Su trabajo en el prostíbulo —toca el piano y lava ropa—, la distingue del resto de las mujeres que se ganan la vida vendiendo sus cuerpos. La fealdad física y moral que surge de los otros personajes no aparece en ella, por el contrario, su figura ante los ojos del narrador resulta bonita y agradable:

> Tenía cierta gracia melancólica para cantar; sus ojos límpidos y sus dientes albos, descubiertos por la risa aveniente, denotaban a la mujer dócil y amante. Era agradable verla sentada en la silla del piano, que destacaban las curvas de su cuerpo modelado en su blusa limpia de lavandera (p. 11).

Compárese esta imagen, la de un tipo europeo, con la que se entrega del amigo de Esmeraldo, Pata de Jaiva:

> Era de Valparaíso, descendiente de quién sabe que changos empujados poco a poco por la raza blanca a los cerros del Barón. Nació en la subida Calagua y allá cayó en Santiago como un cerro, porque el Pata de Jaiva conservó siempre alma de cerro. El solía decir "nací en el cerro", a secas, y cerraba los ojos presos de nostalgia porque ningún chileno ama la tierra natal como el chango que se arraigó en ella hace

miles de años. El cerro, su cerro y su madre. ¡He ahí el universo! (p. 44).

La cita representa uno de los tantos ejemplos de la actitud despreciativa del narrador hacia la miseria de los seres que son objetos de su mirada. En la descripción de Pata de Jaiva, asimismo, hay una obvia referencia a su antepasado indígena; el calificativo racista de "chango" connota esta idea: "...el chango que se arraigó en ella hace miles de años," cosa que se explicita aún más cuando se hace mención de esa otra raza: la blanca. El tono de mofa y de desprecio que destacamos en otro momento, también, se aprecia aquí: "descendiente de quién sabe qué changos...", "El cerro, su cerro y su madre. ¡He ahí el universo!" Nótese, en esto último, el sarcasmo que encierra la imagen del primate asociada al sentimentalismo del muchacho por el terruño donde nació.

Esmeraldo en su calidad de personaje popular-mestizo, por ende "roto" dentro del contexto del análisis que hemos realizado, configura una imagen que no lleva el mismo nivel de degradación imputados a los que llevan el signo racial del indio. Por esta razón, comparado con Pata de Jaiva o con los otros truhanes de arrabal, hay en él un tratamiento que busca establecer incluso una relación de simpatía. Por ejemplo, el muchacho es presentado con cierta cualidad sensible, expresada en la nostalgia que siente ante el padre ausente y la conciencia que tiene de la decadencia moral de éste; por otra parte, están aquellas aspiraciones que en un momento lo impulsan a desear cambiar la condición de su existencia. Nada de esto, por supuesto, se trasluce en los otros personajes que son sus compañeros de correrías. Esto se puede apreciar en una cita textual que ya antes hicimos, donde la fealdad física y moral que reflejan los otros dos amigos, entre quienes se encuentra Pata de Jaiva, queda en parte dirimida en Emeraldo con el simple comentario que lo describe como "bien proporcionado y de facciones regulares" (p. 6).

De lo que se ha planteado en cuanto a la caracterización de los personajes, se puede concluir que en la obra de Edwards Bello subyace una visión hegemonizada en un concepto que tiende a establecer una jerarquía racial, en la cual el indio ocupa el lugar de mayor inferioridad. Pero esta idea no connota un racismo a ultranza, en el sentido que es parte de un pensamiento aceptado como "natural" en la época, entendido éste en el marco de la teoría positivista donde las razas experimentan momentos evolutivos o regresivos influidos por los grandes acontecimientos históricos y aquellos relacionados con las condiciones físicas del medio. Así, en el caso de la novela, la herencia indígena como factor negativo, sobre todo en la influencia ejercida sobre el proceso del mestizaje, se ve como producto de una etapa de regresión que proviene del sometimiento al conquistador español y de las dificultades impuestas por el medio natural. Esta interpretación surge en una instancia del relato, precisamente cuando el narrador comenta el fatalismo del indio, el cual es: " la semiesclavitud de las encomiendas, los terremotos, las inundaciones y los saqueos. En sus rasgos llevaban impresa la historia violenta de conquista y de sumisión" (p. 10).

La exaltación de la fortaleza física del roto[15], simbolizada cuando Esmeraldo vence la enfermedad e inscrita en las palabras: "¡Ya era un roto! Era fuerte. Había vencido las pestes y los vicios" (p. 16), es un valor positivo en la caracterización del personaje que no deja de llamar la atención por el contenido ideológico que adquiere en el discurso reformista. Si entendemos al roto como homología del hombre popular, pensamos que este rasgo, resultante de la selección natural potenciada en la pobreza, lleva a descifrar un elemento importante en el proyecto regenerativo de los reformadores sociales de la época. El libro de Cabero resulta de nuevo útil para entender la afinidad de perspectiva del reformismo respecto al individuo de extracción popular. Según este autor, el vigor físico del hombre de este sector social es algo que surge gracias a "la selección vigorizante por la falta de atenciones, de cuidados, de higiene de los niños que sólo permite sobrevivir a los más fuertes, a los duros y los más resistentes"[16].

Pero al mismo tiempo, el mencionado autor, vincula esta característica a la función que este sector le corresponde en el proceso de la producción, ya que en ello radica justamente "...su enorme resistencia para los trabajos agrícolas e industriales"[17]. Esta es la clave, a nuestro juicio, para entender el sentido específico de la "regeneración"; dicho de otro modo, es parte de un discurso que por analogía busca la creación de buenos obreros[18].

Significativamente, el único momento en que Esmeraldo se abstrae del signo degradado de su existencia es cuando visita la estación de ferrocarriles, ubicada en las cercanías de su barrio. El ferrocarril y su contorno, símbolo del progreso y del avance industrial, aparece, entonces, como un espacio en oposición a la cotidianeidad viciosa del medio donde habita el protagonista. El contacto con los trenes, le produce a Esmeraldo una natural inclinación a identificarse con el mundo mecánico que está frente a sus ojos. Allá se reivindica, surgen los ideales, se le despierta el interés por el conocimiento que lo impulsa a aprender el nombre de las locomotoras y pretende, en sus juegos, ser un obrero productivo ("palanquero"). En esta identificación que se establece entre el muchacho y la máquina, sin duda, se encuentra un elemento específico del discurso regenerativo-reformista. Examinemos esta interpretación en el texto:

> A pesar de la atracción malsana que en él ejercía la calle, la Estación era siempre su centro, vértice de sus ideales en gestación, astro de su niñez. Sentía latir ese corazón de su barrio como si lo llevara en sí mismo. La tendencia viciosa que le llamaba a curiosear por esos contornos se iba, en cuanto consideraba la potencia del vapor que subía en resoplidos hacia la elevada techumbre entrecruzada por potentes lingotes negros de hollín. Cifraba orgullo en saber los nombres de las locomotoras; hacía piruetas sobre las pisaderas de los trenes en marcha, o subía al techo de los carros de carga, como los palanqueros (p. 34).

El aspecto del análisis que remite a la presentación del mundo de la oligarquía es el más fácil de descifrar por la obviedad y explicitez con que se configura; y de hecho, como ya dejamos entrever, éste ha sido un punto a menudo tocado por la crítica, pero de una manera muy general, sin entrar a buscar la especificidad que adquiere en el marco de lo social.

La visión crítica que la obra reproduce sobre la oligarquía se percibe desde la primera página del relato cuando el narrador, en momentos que describe la ciudad de Santiago, hace sentir su carga crítica y su propia identidad con el liberalismo de corte histórico. La referencia que hace del ferrocarril, en el contexto de la oposición conservadora que encontró para su construcción, le sirve para poner en evidencia un espíritu de formación histórica que se extiende hasta el presente y cuyo poder se asienta en la misma ciudad; por esto, la capital pasa a ser para él:

...baluarte colonial, clerical y reaccionario, donde se conserva vivo el espíritu vanidoso y retrógrado de los mandarines que en 1810 hicieron acto de sumisión a Dios y al rey en contra del gran Rozas (p. 2)[19].

Con estas dos observaciones, la del ferrocarril y el juicio sobre la ciudad de Santiago, se reproduce el rasgo determinante de la oligarquía. A través de ellos se hace prevalecer un mundo caracterizado por la decadencia moral, el ocio, el despilfarro y la corrupción política. Está, por ejemplo, el joven amante de doña Rosa, la regenta del prostíbulo donde habita Esmeraldo. El aristócrata es descrito como un "...vicioso y pervertido que tiraba su dinero en las carreras de caballos..." (p.13) y que, además, explotaba a la mujer. La relación entre el origen social y la decadencia de este personaje queda claramente expresado en el comentario:

> Era un rapaz cínico y bonito, retoño postrero de una familia de hacendados devotos empobrecidos por el clero y la Bolsa. Sus manos finas y blancas revelaban el ocio elegante de tres generaciones cuyo tronco remontaba a un sillón caoba y de seda granate de una real audiencia (p. 13).

Otro de los personajes que reúne características similares es Sebastián Martí, el joven asesinado por el Pucho. Su falta de probidad moral es destacada en el aprovechamiento sexual de la muchacha del arrabal y su afición al juego[20]. Al ocurrir el crimen, es su familia la que conspira con los periódicos para detener el escándalo público. Aquí el narrador de manera específica señala la identidad entre oligarquía y clase dirigente:

> Los diarios de la capital publicaban como a escondidas, abreviadamente, las noticias referentes al crimen. La Unión publicaba la noticia de manera solapada quitándole importancia. Estas conspiraciones feas son comunes en Santiago y acusan la existencia de esa familia todopoderosa: la oligarquía (p. 143).

Paralela a la trama que cuenta la historia de Esmeraldo, se desarrolla la de Fernando, el conviviente de Clorinda[21]. Con este personaje se incorpora a la fábula el espacio de la oligarquía a través de la relación que mantiene con el senador Pantaleón Madroño.

Con el político se expone la corrupción de la *elite* gobernante. Fernando en su papel de brazo ejecutor de muchos de sus actos delictuales, hace la siguiente reflexión sobre su jefe cuando sospecha que éste ha decidido deshacerse de él. La imagen que de estas palabras surgen estereotipan la figura siniestra del cacique político:

> Al fin Madroño era un cacique, un gran pólipo social. El había sido su agente electoral. Había matado a un hombre por orden de Madroño. Había incendiado y se había encochinado por el garito (p. 125).

En otra instancia del relato, dentro del contexto de decadencia con que son presentados estos personajes, se revela un aspecto significativo de la personalidad de Madroño, caracterizándole como un ser sin voluntad e "instrumento pasivo" al servicio de la oligarquía, donde, también, se reproduce la idea de que este sector social es el promotor del caos:

> Un demonio revela fuerza, voluntad y en ese hombre se notaba todo lo contrario: se veía que era instrumento pasivo de la máquina letal, elegido fraudulentamente por otros mandarines de lama podrida, organizadores de la desorganización, interesados en perpetuar un barajuste (p. 75).

La perspectiva crítica que se vierte sobre la clase gobernante se finiquita con la inclusión en el relato del Popular, el garito de juego que controla Madroño. En la presentación de este ambiente rufianesco se funcionaliza la idea de una oligarquía responsable de incentivar el vicio entre los sectores populares[22]. Allá, muestra la novela, el hombre no sólo se degrada en el juego, sino también en el alcohol y el crimen.

El enlace de las dos historias paralelas —que corresponden a los dos espacios sociales señalados— se logra a través de la intriga que teje el senador con el jefe de policía[23] para deshacerse de Fernando, cuando éste en su calidad de empleado del garito, falla en la conspiración para destruir el Sporting, centro de juego elegante competidor del Popular. Los dos hombres deciden aprovecharse del crimen de Sebastián Martí para culpar falsamente a Fernando. Este último, al enterarse de las intenciones del político, resuelve ir a un periódico para presentar una denuncia pública de las fechorías de su jefe. La intención de Fernando, sin embargo, encuentra como respuesta la indiferencia de los periodistas y con ello se pone en evidencia la vulnerabilidad del roto ante la corrupción total del orden social. Esto se revela en el consejo que el redactor jefe termina dándole:

> —Abandone ese proyecto. Esas cosas, amigo, no se pueden publicar y si se publicaran le traerían nuevas contrariedades a usted, y ni este país ni el diario ganaríamos nada (p. 128).

Significativamente, después de esta escena se indica que Fernando, desesperado e impotente, termina en "....la primera cantina que encontró" (p. 128); a lo que además se agrega, con la causalidad maniquea tópica de la narración, que el personaje se había convertido a partir de esta experiencia en "...individuo con peores costumbres, más perverso y más malo que antes" (p. 128).

Esta imagen del orden social como promotor de la maldad —cuyo referente específico es la oligarquía— que surge de la acción de este personaje tiene un desarrollo posterior. Fernando, luego de la visita al periódico, experimenta un repentino deseo de reivindicación. Junto a Clorinda elabora proyectos que los llevarían a iniciar una nueva vida lejos del arrabal:

> Lo pasado, pasado. Juntaría plata hasta reunir dos mil pesos —¡eso no es nada!— para poner una tienda de pobres en algún arrabal lejano. Clorinda estaba harta de sufrir... La esperanza de establecerse en un arrabal lejano les llenaba de júbilo. Pensando y pensando, haciendo proyectos, volvían a sentirse felices (p. 138).

Con los anhelos de estos dos personajes, la novela busca poner en un plano de mayor relieve el carácter patético de existencias que no tienen posibilidades de cambio, lo cual se realiza con la conjuración de Madroño en contra de Fernando. Al ver al hombre detenido por la policía, Clorinda se sume en la desesperación y desesperanza. Esto se hace sentir a través de la mención del carruaje que lleva a Fernando preso y se recrea en una imagen de tradición romántica que alude a los destinos de esos seres como marcados por el signo de la fatalidad:

> De pronto se puso de pie Clorinda y trató de detener todavía el carruaje de la fatalidad. La calle respondió con su

> impasibilidad, su silencio nocturno jaspeado débilmente por
> rumores de remoliendas próximas y lejanas. Ya no habría
> misericordia para ella (p. 124).

La imagen de impasibilidad de la calle, junto a los
"rumores de remoliendas próximas y lejanas", contiene una
visión de desamparo en medio de una realidad degradada
que resulta inescapable para el personaje. Empero,
debemos precisar, aquí no estamos enfrentados a una
concepción de mundo intrínsecamente pesimista, el
contexto en que se genera la adversidad de los personajes
lo niega, vale decir, es la acción corruptora de hombres
como Madroño que los somete a ese destino.

La visión que se particulariza con Fernando y Clorinda
es en cierta manera la misma que deviene en el desenlace
de la vida de Esmeraldo. Su destino final, objetivado en el
crimen, está motivado por el sentimiento de abandono
absoluto al contemplar las ruinas de su barrio, cuya
destrucción es ordenada por las autoridades a causa del
escándalo público que originó el asesinato de Sebastián
Martí. Pero, en las páginas donde se describe esta escena,
el narrador, recurriendo a una imagen llena de patetismo,
pone de manifiesto que la suerte del muchacho es la del
personaje genérico, el roto:

> El roto se iba con la sífilis y la viruela, borracho, cojo,
> tuerto, trágico, arrastrando el espectro de la ramera pobre,
> dejando entre esos escombros lo mejor de sus energías, lo
> más fuerte de su alma y cuerpo (p. 150).

La acción violenta de Esmeraldo, dentro del contexto que
hemos construído el análisis, es, pues, respuesta a una
situación límite frente a un mundo que no ofrece soluciones
por el divorcio de la clase dirigente con la visión
reformadora. Aquí se conjugan la crítica y la advertencia en
la novela de Edwards Bello.

NOTAS

[1]Hasta el momento han aparecido por lo menos siete ediciones de la novela. Sólo entre los años 1920, fecha de su publicación, y 1927 se conocieron cinco ediciones. Este hecho en sí puede servir como dato de la relativa importancia que ha tenido dentro de la novelística chilena.

[2]En realidad, el único análisis de cierta extensión y que tiene alcance totalizador se encuentra en el libro de Vicente Urbistondo, *El naturalismo en la novela chilena* (Santiago: Andrés Bello, 1966), pp. 138-180. Fuera de las referencias que aparecen en las historias de la literatura chilena e hispanoamericana y de algunos artículos publicados en periódicos, las otras fuentes bibliográficas que puede citarse se limitan a ser breves comentarios de carácter general. Entre estos últimos, debemos destacar los libros de Domingo Melfi *Estudios de literatura chilena* (Santiago: Nascimento, 1940), pp. 217-219; Julio Orlandi y Alejandro Ramírez, *Joaquín Edwards Bello* (Santiago: Editorial del Pacífico, 1960); Pedro Nolasco Cruz, *Estudios sobre literatura chilena* (Santiago: Nascimento, 1940), pp. 91-107; Raúl Silva Castro, *Creadores chilenos de personajes novelescos* (Santiago: Biblioteca de Alta Cultura, s/f), pp. 209-210; Mariano Latorre, *Literatura de Chile* (Buenos Aires: Coni, 1941), pp. 80-81; Hernán Díaz Arrieta, *Panorama de la literatura chilena del siglo XX* (Santiago, 1931), pp. 89-90.

[3]Los únicos comentarios que consideramos totalmente negativos de la novela provienen del libro de Pedro Nolasco, cuya crítica está hecha desde una perspectiva de clara expresión católico-conservadora.

[4]Con la excepción de Vicente Urbistondo, cuya valoración de la novela es altamente positiva tanto desde el punto de vista formal como de los contenidos, entre los críticos nombrados en la nota 2 se observa esta tendencia.

[5]"Nota Preliminar" a Joaquín Edwards Bello, *El Roto*, sexta edición (Santiago: Universitaria, 1968), p. x. Yerko Moretic, al referirse a esta nueva edición, valora la novela en términos parecidos a los expresados por Calderón: "La reedición de *El Roto* era una necesidad, y no estrictamente documental, sino también literaria y, porque no decirlo, una necesidad socialmente higiénica, puesto que conserva siempre el vigor de una denuncia de llagas y heridas que no se han cerrado en nuestro pueblo". "Crónicas de libros", *El Siglo* (Santiago, Chile), 9 de junio, 1968, p. 14.

[6] Pedro Godoy, "Edwards Bello nacionalista latinoamericano," *La Discusión* (Chillén, Chile), 14 de octubre, 1968, p. 3.

7 Andrés Sabella, "Joaquín Edwards Bello y *El Roto*," *El Mercurio* (Calama, Chile), 6 de junio, 1968, p. 3.

8 Joaquín Edwards Bello, *El Roto*, p. 1. Véase edición en la nota 5. Todas las referencias posteriores a la obra provienen de esta edición. Se indicará el número de la página en paréntesis.

9 Vicente Urbistondo, en su libro citado, al referirse a la novela, aunque sin asumir la funcionalidad socio-histórica que nosotros planteamos, capta este elemento cuando declara que el exacerbamiento en las descripciones "tiene a menudo el impacto de una bofetada en la sensibilidad del lector", p. 152. Omer Emeth (seudónimo de Emilio Vaisse) expresa una opinión parecida en un artículo publicado el 21 de agosto de 1920 en *El Mercurio*: "Que los cuadros del señor Joaquín Edwards ha querido y conseguido poner a la vista de todos, hasta los miopes voluntarios, la abominable realidad que pocos sospechan". Artículo incluído en un apéndice que lleva *El Roto*, la cita proviene de este texto, p. 165.

10La personalidad de Esmeraldo, limitada a manifestaciones puramente instintivas, en donde también se contextualiza su crimen, es la negación misma de la conciencia social. Por esta razón el personaje no experimenta un proceso de autoconocimiento real que lo lleve a comprender las condiciones objetivas que determinan la precariedad de su existencia, tampoco, por lo tanto, hay en él una dialéctica transformadora a partir de sí mismo. Todo esto es coherente con una visión de mundo donde la gestión de cambio social debe ser construida "fuera" del espacio popular.

11 En los comentarios críticos existentes sobre la obra no se aprecia ningún intento por esclarecer el significado que tiene el acto final de Esmeraldo y, de hecho, prácticamente no se menciona. Vicente Urbistondo es la excepción, empero, llega a una conclusión distinta a la nuestra. Aludiendo a que el desenlace es el único punto débil que tiene *El Roto*, producto según él de la impaciencia de Edwards Bello por darle término al texto, expresa la siguiente idea que más que una interpretación es el reconocimiento de que esta escena carece de sentido: "El misterio más genuino y peor resuelto lo constituye el desenlace de la novela, y es la caída definitiva de Esmeraldo al asesinar a quien quiere redimirle...", p. 158.

12 Alberto Cabero, *Chile y los chilenos*, tercera edición (Santiago: Lyceum, 1955), p. 158.

13 El libro de Cabero, en su intento por definir la "raza chilena", tipifica una de las preocupaciones centrales de la intelectualidad de la época. En general, podría afirmarse, también, que esta imagen del indígena prevalece dentro de la corriente del sociologismo positivista del período. Por ejemplo, Francisco Encina, prolífico historiador y

86

figura intelectual connotada, llega a un esquema parecido al de Cabero en un libro escrito en 1911. Véase *Nuestra inferioridad económica* (Universitaria: Santiago, 1955), capítulos IV, X y XI.

[14] Cabero, p. 116.

[15] Omer Emeth, en su artículo citado, al comentar la novela destaca este rasgo en el roto: "Su fuerza física deberíase a la selección causal en medio de condiciones higiénicas abominables. Vencidas éstas, el roto sería una especie de superhombre capaz de todos los esfuerzos, un héroe de la fuerza en el que 'no entra bala'", p. 164.

[16] Cabero, p. 118.

[17] *Ibid.*, p. 118.

[18] Respecto a esta idea —cuyo sentido histórico-ideológico fue discutido en la segunda parte del primer capítulo— Cabero tiene un juicio sintetizador al declarar que el roto a pesar de su vigor físico —donde reside su cualidad para ser buen obrero— está destinado a sucumbir "...si no se le defiende, si no se combaten los vicios atávicos, si no se corrigen sus defectos de pueblo niño, con leyes sociales y una educación integral conveniente", p. 157.

[19] Este comentario sobre la ciudad de Santiago, sin duda, proyecta la interpretación que dimos en el primer capítulo, al explicar que el hegemonismo de la oligarquía se extendía, parcialmente, por el acercamiento estratégico que tenía con respecto al centro administrativo-estatal afincado en esa ciudad. La identidad entre clero y oligarquía se contextualiza en una fuerte crítica que se le hace a la iglesia en la novela, lo cual se pone en evidencia cuando se presenta al arzobispado de Santiago como propietario de los edificios donde operaban los prostíbulos. La identificación con el liberalismo histórico, se aprecia en el juicio ponderativo sobre Juan Martínez de Rosas, miembro de la primera junta de gobierno de 1810, quien se enfrentó en abierta polémica a los sectores más conservadores del movimiento independentista.

[20] La ubicación de estos dos personajes aristocráticos en ese ambiente de extrema sordidez y miseria presenta, creemos, un problema de verosimilitud que abarca incluso la totalidad de la estructura narrativa que enlaza los dos espacios sociales. Esto, pensamos, es el resultado de una lógica impuesta por la prioridad de lo tésico —la presencia de una oligarquía en decadencia— cuyo alcance lo consideramos siempre abstracto porque es incapaz de llegar a la verdadera esencia de lo social. Por supuesto, la imagen de decadencia de este sector corresponde a una manifestación históricamente observable; no obstante, ello no puede gestarse, ni en esto radica su esencialidad, en un barrio marginal de los prostíbulos. Por el contrario, la captación novelada de este fenómeno debería

plasmarse a partir de situaciones tópicas (esenciales) que tienden a mostrar, en el marco del complejo histórico-social, las causas y expresiones de esa decadencia.

[21] La mayor parte de los juicios críticos que se han vertido sobre la obra tienden a identificar a Fernando como el protagonista. Esta interpretación la mantienen, por ejemplo, Emilio Vaisse, Julio Orlandi y Vicente Urbistondo. Los tres críticos basan sus opiniones en que con Fernando, Edwards Bello, logra crear un roto adulto, o sea, en plenitud de todos los rasgos caracteriológicos que le corresponderían a dicho personaje, en cambio, para ellos, Esmeraldo es un roto en gestación. Esto, desde el punto de vista de la caracterización es correcto, pero en la novela no es un mero cuadro costumbrista de tipos humanos. Esmeraldo, en este sentido y considerando el enfoque de nuestro análisis, es, a diferencia de Fernando, el personaje fundamental para descifrar el contenido del mundo y, además, se muestra como integrador de la acción novelesca.

[22] Recordemos, como indicamos en el primer capítulo, que fue una noción clave utilizada por el movimiento reformista para justificar su posición crítica frente a la oligarquía.

[23] La corrupción de la totalidad de los poderes de gobierno está explícita en la presentación de la oficina del jefe de policía, donde cuelga un retrato del presidente Ramón Barros Luco, estableciéndose así una complicidad entre este personaje corrompido y la del hombre en el ejecutivo. Este detalle, asimismo, sirve para la ubicación temporal de la acción novelesca, ya que dicho mandatario gobernó el país durante los años 1910-1915.

CAPITULO 3

EL CRISOL Y ROBLES, BLUME Y CIA: EL HÉROE REFORMISTA COMO GUIA Y MODELO REORDENADOR DE LA SOCIEDAD

La razón de enfrentar el análisis crítico de *El crisol* (1913) y *Robles, Blume y Cía*[1] (1923) como un todo responde a un hecho bien concreto. *Robles, Blume y Cía*, a pesar de ser publicada diez años después, es la continuación de la primera. Ambas obras fueron concebidas originalmente por el autor formando parte de una trilogía cuyo último tomo nunca fue publicado. En 1964, Fernando Santiván, le agregó a *Robles, Blume y Cía* un epílogo titulado "Mundo Transparente", el cual constituye una especie de resumen de lo que debió haber sido su proyectado tercer relato.

El crisol y *Robles, Blume y Cía* aunque modestas en lo que se refiere a creación literaria, son dos novelas de gran interés por la dimensión totalizante en cuanto a categorías ideológicas, surgidas y recreadas en el contorno social específico que es objeto de nuestro análisis. Son dos textos cuya "razón de ser" está constituída por la fuerza e instrumentalización que adquiere en ellos la ideología reformista[2]. Sin ir muy lejos, el mismo Santiván, desvirtuando a los detractores que tuvo *Robles, Blume y Cía* en la época[3], expone el siguiente comentario que, parcialmente, hace eco a nuestras afirmaciones:

> Aunque *Robles, Blume y Cía* fue considerada por la crítica de ese tiempo, obra falsa, absurda, fuera de la realidad, la verdad es que se adelantó a las leyes sociales que se iniciaron en la primera administración de don Arturo Alessandri Palma[4].

El hecho de que Santiván valore su obra en términos de ser un texto "adelantado" en el tiempo está fundamentado en un aspecto cronológico, ya que, según el propio autor, la novela se habría escrito en 1914, o sea, nueve años antes de su publicación y seis antes de la elección de Alessandri. Estas palabras contienen la noción de la obra visionaria que anticipa, cuando menos la concretización de los grandes acontecimientos humanos en el tiempo. No quisiéramos entregarle esta virtud a la novela de Santiván, más aún, creemos que está lejos de encerrar esta cualidad propia de los grandes textos narrativos. Más bien, pensamos que el autor se limita a reproducir una visión social de cambio que en la época tenía amplios antecedentes en la esfera político-intelectual, hecho dejado en constancia en el primer capítulo de este estudio. Si hay algo de cierto en la afirmación de Santiván, quizás, podríamos convenir en ser ésta la primera novela, junto a *El Crisol*, que de manera explícita y radical plasma en una fábula el ideario del reformismo.

Las dos novelas potencian el carácter ideologizante del período histórico en su acepción más fundamental: la búsqueda de los mecanismos que vayan a distender las contradicciones entre capital y trabajo[5]. Por esto, el obrero entra a existir definitivamente como personaje novelesco importante y discernible, terminando envuelto en un discurso de justicia social que tiende a comprometerlo como un sector dispuesto a colaborar en este esquema de distensión. Junto al elemento proletario, también, se configuran otros dos sectores fundamentales en el espacio socio-político de la época: la oligarquía y una burguesía que aspira a llevar a cabo un plan de desarrollo industrial. En cuanto al primero, prevalece la misma imagen negativa que se reitera en *El Roto*: promotora del mal en el sentido que atenta contra un ideal de sociedad donde predomine la armonía entre las clases. En el caso del sector burgués mencionado, éste es claramente identificado como el núcleo ideológico rector, guía e inspirador de las ideas reformadoras.

La búsqueda de la convivencia armónica —recordemos la consigna de "paz social" mencionada en páginas anteriores— es lo que conforma la estructura de los dos textos narrativos de Santiván, de ello, asimismo, se desprende la visión de mundo. De esta categoría básica de armonía-distensión, surge no sólo lo que nítidamente se refiere al ámbito social y político —como son, por ejemplo, las relaciones de clase— sino todo aquello que constituye la realidad práctica de los personajes: valores, actitudes, posición ético-moral, relaciones interpersonales de diferente naturaleza, etc..

La voluntad ideologizante que muestran *El crisol* y *Robles, Blume y Cía* implica una identificación total con el sistema de la sociedad capitalista, ya que en el predicamento y aceptación de sus leyes generales dependía el éxito del proyecto de "paz social". En este sentido, nos encontramos frente a una apología irrestricta encargada de la mostración de un mundo novelesco en el que, a medida que transcurre el relato, se van haciendo cada vez más idóneas las virtudes del sistema. Así, en este proceso, todo lo deformante de la realidad capitalista como son las relaciones amorosas mediatizadas por el dinero y la posición de clase, la ganancia, el concepto de la sobrevivencia del más fuerte, el individualismo, la libre empresa son categorías que aparecen encubiertas de una aureola de idealidad propia del utopismo.

Si se comparan estas dos obras de Santiván con *El Roto*, encontramos diferencias significativas en lo que respecta a la representación del mundo. La actitud narrativa básica en la novela de Edwards Bello está condicionada por el llamado-advertencia del peligro que significaba mantener el estado de miseria del roto, de donde se explica el énfasis en la mostración de un mundo esencialmente degradado y el hecho de que no haya una "evolución feliz" hacia el mejoramiento de éste. En Santiván, por el contrario, prevalece una actitud ingenua que lo impulsa siempre a resolver los conflictos en términos "armónicos y felices" para la totalidad de los personajes de los diferentes sectores sociales. Así, por ejemplo, la impotencia e invalidez de Esmeraldo, aquí se dirimen en favor del sentido de seguridad y triunfo del protagonista. El reino de lo instintivo que guía la existencia del roto y su circunstancia, deja paso al de la mesura, al de lo racional convertido en proyectos logrados. Si Edwards Bello en su novela aspira a corregir los males sociales a través de una crítica ácida y chocante, en los dos textos de Santiván presenciamos el reordenamiento de la sociedad bajo el prisma ideológico del reformismo. Esto, por supuesto, no implica que ambos escritores mantengan concepciones distintas. Por el contrario, en el papel de regeneradores que ambos asumen como hombres de letras, comparten una afinidad de pensamiento que esperamos establecer en el análisis de *El crisol* y *Robles, Blume y Cía.*

El proceso de reordenamiento social que propone Santiván en estos dos relatos se realiza fundamentalmente en la figura de Bernabé Robles, el protagonista. Con él reaparece el personaje reformador que hace presencia en *El Roto*, nos referimos a Lux. Sin embargo, entre los dos hay diferencias significativas importantes de destacar.

Mientras el personaje de Edwards Bello se sitúa en la novela en forma marginal, con una función meramente denunciativa a través de los artículos de periódicos que escribe, Bernabé Robles satura con rasgos de héroe positivo toda la narración. La elevación de su figura a modelo reformador, por otra parte, está regida por el conjunto de su práctica con el mundo y no, a diferencia del otro, que sólo se sostiene como una voz que sirve para documentar una crítica. Robles, así, más que tener un carácter denunciativo, se proyecta como un personaje afirmador — y, por consecuencia, también, confirmador— de los valores de un modelo de sociedad. En este sentido, su figura irá adquiriendo, en la medida que va realizando sus proyectos, una dimensión idealizada que lo ubica en un espacio superior al de todos los otros personajes, incluso a aquel ocupado por la heroína vinculada a la vieja oligarquía. Se transforma, en otras palabras en el dirigente y guía de un mundo que necesariamente debe imitarlo.

En los dos relatos, Santiván, recurre a un motivo utilizado en la literatura romántica y realista del siglo XIX: el del joven de origen humilde —Bernabé Robles— que se enamora y conquista a una bella mujer —Adriana Blume— social y económicamente superior a él[6]. La historia amorosa, junto a los conflictos que genera, se constituye en la situación novelesca básica que reproduce el reordenamiento social al que se aspira. El lazo oligárquico de la heroína abre el espacio de la presentación y crítica de este sector, pero el amor y, más concreto aún, la posibilidad de matrimonio que ellos entregan, a pesar de la oposición obcecada de la madre de Adriana, contienen un proyecto de "solución" frente a la actitud retrógrada, atentatoria contra la armonía social, que representa la vieja oligarquía. De manera amplia, el tronco humilde del protagonista, unido a la consumación de su amor por Adriana y la reciprocidad de ella, propugna un ideal democratizante que busca romper con los esquemas jerárquicos de la oligarquía que determinan su cohesividad y su característica de clan impenetrable.

En el origen del protagonista, dentro de los esquemas ideológicos del reformismo, se concretiza, además, una funcionalidad bien precisa, en cuanto que la razón vital de su existencia se define en el deseo de ascensión social y económica, no sólo porque está motivado por "merecer" a la amada, sino como valor supremo e intrínseco en su personalidad. Su tronco humilde y el éxito en la realización de sus aspiraciones, contienen un discurso dirigido a la mostración de una sociedad donde es posible, aun para aquellos provenientes de los sectores populares, alcanzar las esferas de poder. Con Bernabé, sin duda, se recrea un tipo de héroe que tiende a negar la estratificación social reproducida tradicionalmente en el seno de la vieja oligarquía, ya que su triunfo en la vida no es determinado por los recursos materiales de una herencia, sino por el esfuerzo mismo de su trabajo y un espíritu de iniciativa que constantemente lo impulsan a superarse. Dicho de otro modo, Bernabé, en forma unidimensional, encarna toda una apología al *self-made man*.

La extracción social del héroe tiene otra funcionalidad importante de mencionar, ya que permite que Bernabé se mueva en el espacio popular. Esto ocurre en *El crisol*, en el ambiente de la Escuela de Artes y Oficios, donde él llega a estudiar. Posteriormente, en *Robles, Blume y Cía*, reaparece este sector social definido como clase obrera cuando el protagonista es dueño de una industria.

La totalidad de la acción novelesca en *El crisol* y *Robles, Blume y Cía* está dispuesta en torno a situaciones que muestran el proceso evolutivo del protagonista hacia el ascenso económico y social. A partir de esto, se generan los conflictos: desde el central que involucra su amor por Adriana —de donde se establece su enfrentamiento con la oligarquía— hasta los menores que lo envuelven a la problemática obrera. Cada uno de estos conflictos se resuelven positivamente en función de sus valores y proyectos, conformándosede esta manera la estructura básica de armonía-distensión antes mencionada.

En *El crisol* la acción ubica a Bernabé como estudiante modelo en el espacio de la Escuela de Artes y Oficios. Allá se ve enfrentado a la insensibilidad social de los que administran dicho establecimiento y al desorden que producen sus condiscípulos de ideas anárquicas. Paralela a esta historia, se desarrolla la relación del protagonista con la familia del doctor Augusto Blume, padre de Adriana, quien actúa como su apoderado de estudios. El relato se cierra con el sentido de triunfo que experimenta Bernabé. A pesar de las dificultades que encuentra en medio de esos dos polos opuestos —administración de la escuela y estudiantes— logra graduarse en forma brillante; por otra parte, también, el amor secreto que alimenta hacia la aristocrática muchacha terminará siendo correspondido luego de pasar por un período de desengaño.

El segundo relato continúa con este esquema narrativo ingenuo y convencional. El héroe es dueño de una fábrica y ha logrado el prestigio que le confiere un título universitario. El espacio social de la escuela se traslada al de la industria, e incluso algunos de sus ex-compañeros laboran allá como obreros. La protesta estudiantil aquí se convierte en el descontento de algunos trabajadores hechos aparecer como obcecados, situación que es resuelta en un discurso apoteósico donde Bernabé expone sus planes de reivindicación social para la fábrica. El plano narrativo de la relación amorosa se desenvuelve, en esta parte, en medio de la oposición de la madre de Adriana por destruir los planes matrimoniales de los dos jóvenes. En *Robles, Blume y Cía* no se consuma el matrimonio. Este fin irresoluto responde, sin duda, a una convención formal impuesta por el proyecto original de Santiván de escribir una tercera novela, abandonando, por lo tanto, la narración en un momento generador de suspenso en el camino que recorre el héroe hacia la "felicidad total", cuyo último obstáculo es la conquista amorosa. Ello se vendrá a realizar en el epílogo que el autor le agrega a éste su segundo relato.

Hasta el momento, lo planteado sobre las dos novelas representa un intento meramente expositivo para enfocar el análisis dentro del interés específico que persigue este estudio, vale decir, como obras reproductoras de una instancia histórico-ideológica nombrada período reformista. Proponemos, ahora, entrar a un plano que permita reconstruir esta perspectiva de análisis a través de la reintegración de aspectos significativos surgidos de los textos mismos.

En la configuración de los valores del héroe, ya en la escena que sirve de apertura al relato en *El crisol*, se entregan detalles importantes. Nos referimos al momento en que Bernabé regresa a Santiago, al término de las vacaciones de verano, para cursar el último año en la Escuela de Artes y Oficios. En la creación de esta escena, se explicita el motivo del provinciano recién llegado a la ciudad, a quien, pese a haber vivido allá durante el transcurso de sus estudios, ésta todavía le resulta extraña. El narrador se encarga de precisar la incomodidad que le produce al joven la gran urbe con su gentío; al mismo tiempo, se hace resaltar la modesta impresión que deja su figura. La introducción de este motivo no tiene funcionalidad en el enfrentamiento campo-ciudad y, de hecho, esta problemática no se deja vislumbrar en ningún instante del relato. Más bien, ello sirve para establecer el *inicio* de un destino proyectado en la realización del *self-made man*, o sea, el arribo del personaje a un espacio desconocido e inhóspito que necesariamante deberá conquistar para demostrar su pertenencia a esta categoría de individuos. Por esta razón, se enfatiza, asimismo, el anomimato y un leve sentido de orfandad que experimenta al llegar a la estación de ferrocarriles:

> Echó una mirada escrutadora por el andén, con la vaga esperanza de encontrar a algún conocido entre la gente que caminaba atropellándose hacia la gran puerta de salida. Nadie. Y aunque estaba seguro de que persona alguna tenía conocimiento de su llegada, sintió vaga decepción[7].

En esta escena se entregan también dos elementos significativos sobre Bernabé, ambos ligados a la valoración del *self-made man*. Uno de ellos se relaciona a su personalidad; el otro, introduce el determinante esencial de su comportamiento: la voluntad arribista. En cuanto al primer punto, se le proyecta como a su ser metódico, racional, disciplinado y frugal: escoge un hotel modesto pero limpio, de acuerdo a sus recursos económicos. Una vez en la habitación, decide inmediatamente ordenar su tiempo y cumplir con las obligaciones del día:

> Ante todo, iría a la Escuela, a recoger la libreta de inscripción; en seguida, volvería a comer... y después...¡era imprescindible! visitaría a la familia Blume, en donde debía recoger la firma de don Augusto, su apoderado, y hacer presente los saludos que enviaba su buena madre a los antiguos patrones, junto con un regalito que les hacía ver que les recordaba con cariño (E.C., p. 10).

El otro elemento, se anuncia en el primer párrafo del relato. Con evidente desprecio, Bernabé enjuicia el ambiente popular del vagón de segunda clase donde había viajado. Este detalle, fácilmente captable, se realza con la exclamación de desdén dirigida en contra de las dos muchachas sentadas a su lado:

> Por fin llegaba. Un viaje largo y aburridor en vagón de
> segunda, repleto de pasajeros sudorosos y fatigados, con las
> fauces secas por el calor y el polvo, entre dos viajeras con su
> equipaje de canastos de ropa, utensilios de cocina, quitasoles
> y maletines de lona...¡Que peste! ¡Si todavía hubieran sido
> bonitas! (E.C., p. 9).

Esta descripción no hace resaltar un mero hecho
pintoresco-costumbrista del "pueblo en un tren". El interés
está, más bien, volcado sobre un contenido específico cuya
imagen resultante es la mostración de un mundo dominado
por la vulgaridad, con lo cual el protagonista establece un
distanciamiento necesario que lo pone en un plano superior
a esa realidad, anunciando, por analogía, la búsqueda de
un estatus social distinto.

Dentro de este mismo contexto, la mención de las dos
muchachas del tren y la actitud de desprecio de Bernabé
hacia ellas tiene una especificidad contrastiva con el
refinamiento, belleza y mundo que más tarde va a hacer
presencia con Adriana. Esta idea se refuerza unas páginas
más adelante cuando el protagonista, rumbo a la Escuela
de Artes y Oficios, se encuentra con la "cigarrera" y sus
hijas, mujeres del pueblo presentadas con la misma visión
negativa que las dos pasajeras. El interés que la madre
tiene en él como buen partido para una de sus hijas y las
exageradas alabanzas que hace de ellas encuentra la
siguiente descripción irónico-satírica:

> Pero ahí estaban ya las hijas de Doña Mercedes. La madre
> las empujaba hacia Bernabé con igual orgullo satisfecho que
> si se tratase de las tres Gracias. Las dos mayores, muchachas
> encogidas y vulgares, parecían tener el alma ausente; sólo la
> menor mostraba cierta desenvoltura de perrillo travieso
> (E.C., p. 13-14).

Ante el comentario que doña Mercedes hace sobre la hija
menor, Graciela, "— Es un ángel...No sabe usted el tesoro
que tengo por hija..." (E.C., p. 14), Bernabé, frente a la
vulgaridad desmedida que se busca proyectar en la mujer,
enjuicia con condescendiente actitud los rasgos
eminentemente criollos de la muchacha.

Al dejar a doña Mercedes, el protagonista, luego de
pasar por la Escuela de Artes y Oficios, se dirige a cumplir
con su otro cometido del día: visitar la casa del Dr. Blume.
Con la presentación de la aristocrática familia se establece
un claro contraste con las dos escenas previas. El narrador

abandona su perspectiva desvalorizante anterior. La actitud de desprecio aquí se transmuta en sentido valorativo del prestigio que envuelve el espacio ocupado por los Blume. Esto se percibe desde el primer instante cuando se describe la mansión ocupada por ellos. Incluso, la sirvienta de la casa es vista como poseedora de la grave mesura y dignidad de ese ambiente patricio sin, por lo tanto, la vulgaridad con que son presentadas las mujeres anteriores.

Con una aureola de mesurada elegancia se introduce en esta escena a Adriana. Su belleza europea se antepone claramente a los rasgos físicos de la mujer criolla encarnados en Graciela que Bernabé parece despreciar: "...morenita y de grandes ojos negros..." (nótese la carga despectiva incorporada al empleo del diminutivo). Compárese las imágenes que resultan de las hijas de la "cigarrera" ("encogidas y vulgares", "alma ausente", "perrillo travieso")[8] con la recreación mental idealizada que el protagonista hace de esa mujer que cautiva sus sentidos:

> Bernabé notó que su rostro cobraba vida extraordinaria. Brillaban los ojos azul oscuro detrás de largas pestañas, su boca graciosa, aunque no muy pequeña, se humedecía y los dientes asomaban de vez en cuando como fugitivos rayos de luz (EC., p. 28).

En síntesis, Adriana, puesta en la perspectiva del condicionante que guía el comportamiento de Bernabé, vendrá a representar todo lo que las otras muchachas no poseen: dinero, belleza y refinamiento. A ella y a su mundo el héroe buscará conquistar.

La valorización del espacio de los Blume que emerge de estos ejemplos podría en apariencia resultar contradictoria con la idea planteada en el transcurso de este estudio: la postura anti-oligárquica de la novela reformista. Sin embargo, tal contradicción no existe porque la crítica está centrada en doña Juana María —madre de Adriana— y su estirpe aristocrática y no en la totalidad del núcleo familiar. El gusto de sobria elegancia, la sensación de orden que refleja ese ambiente son valores ligados en realidad a la sangre alemana del viejo Blume. Esta idea, sin duda, está explícitamente contenida en el escudo heráldico de origen germano que se menciona al describirse la casa de la familia. En este sentido, también, debemos puntualizar que don Augusto Blume, junto a su hija, representan valores antagónicos a los de doña María Urquízar. Más aún, a partir de la función que este trinomio tiene en el relato y la relación que ellos establecen con Bernabé se puede elucidar parte importante del pensamiento social de las dos obras.

Con la madre de Adriana, Santiván recurrirá a un personaje prototipo, ya que su existencia está exclusivamente determinada para hacer prevalecer los rasgos negativos con que el reformismo ve a la oligarquía. Sus dos apellidos, Urquízar Urquizábal, elegidos con claro sentido irónico, la ubican como descendiente pura de vascos, quienes, junto al elemento castellano, conformaron la base de la aristocracia chilena. La mujer tipifica los valores de este grupo social: jerarquía, tradicionalismo y catolicismo retrógrado. Desde la visita inicial del protagonista a la casa, se busca poner en evidencia estos rasgos. El recibimiento frío y distante que la mujer le hace revela un claro menosprecio por la extracción de clase de éste; conducta que se contrasta con la actitud afable, abierta y "democrática" que muestran Adriana y su padre hacia el joven.

El fanatismo religioso, integrado a la personalidad de Juana María Urquízar, es un elemento dispuesto para mostrar la tradicional unión entre la Iglesia y el sector aristocrático-conservador. En este sentido, la mujer conforma una tipología de personaje de amplios antecedentes en las letras hispánicas de la segunda mitad del siglo XIX. La influencia negativa que tiene sobre ella la Iglesia se proyecta a través de su relación con el padre Alamiro, su guía espiritual, quien, por su carácter retrógrado y algo siniestro, también se adscribe a la tradición literaria que acabamos de hacer mención. El cura aparece en el relato justamente cuando doña Juana María se entera del romance entre su hija y Bernabé, hasta entonces mantenido en secreto. Desesperada ante la firme decisión de Adriana de llevar a cabo sus planes matrimoniales y el apoyo que le brinda don Augusto a los dos enamorados, recurre a los consejos del padre Alamiro. El sacerdote, haciendo eco a los valores de su casta[9], pretende en una primera instancia disuadir a la joven advirtiéndole de las consecuencias que significaría unir su vida a un ser inferior:

> Créale a un hombre que ha conocido muchas miserias
> íntimas y muchos hogares destruidos a causa de una
> precipitada elección de cónyuge... Entonces aparece el
> sedimento del odio popular que poseen estas naturalezas del
> pueblo, cubierta escasamente por un barniz de educación y de
> roce mundano... sí, porque la odiaría a usted, con el odio del
> plebeyo que se siente aplastado por raza superior, a pesar de
> los esfuerzos por empinarse al nivel más alto[10].

Incapaz de convencerla con estos argumentos, él acude
como último recurso a la intriga que va a generar los
momento de mayor tensión en todo el relato. Habiendo
sido confesor de Adriana, él está enterado de la relación
amorosa de ésta con el pintor Rosas, con quien, se sugiere,
ella habría perdido la virginidad. El cura, violando el
secreto confesional, le revela a Bernabé esta "mancha
negra" en el pasado de la joven. En el desarrollo de la
trama amorosa, este hecho resulta decisivo porque sume al
protagonista en la confusión y duda, llegando incluso a la
determinación de olvidar a Adriana.

Desde el punto de vista de los conflictos, doña Juana
María actúa, pues, como la fuerza negativa que amenaza
la felicidad total del héroe. El desquiciamiento con que se
opone a la unión de su hija con Bernabé persiste aun en
momentos que el joven ha alcanzado el triunfo económico
(dueño de la industria) y el consiguiente prestigio social que
éste le confiere. Con dicho comportamiento, se busca hacer
prevalecer en ella valores irracionales propios de su visión
jerárquica del mundo.

En la creación del trinomio familiar Blume-Urquízar, en
cuanto a personajes recreadores de estratos sociales, se
parte de una concepción claramente positivista, donde el
origen racial es definitorio de patrones conductuales y
sistema valórico. Tal es el caso de doña Juana María y su
tronco oligárquico criollo. Lo mismo ocurre con Augusto
Blume, los elementos positivos de su personalidad: espíritu
democrático, racionalismo, posición iluminada frente al
fanatismo de su mujer son valores sin duda aquí asociados
a su origen germano.

La antinomia marido-mujer, sustentada en la etnicidad,
está claramente expresada en varios momentos de la
narración, lo cual, en parte, hemos destacado con la
referencia al escudo heráldico dibujado en la casa de la
familia. Ejemplo clave que explicita esta idea es la
confesión que le hace Augusto Blume a Bernabé. Esto

ocurre cuando el joven le revela la relación secreta que mantenía con su hija y le expresa el deseo de ambos de formalizar el noviazgo. Consecuente con esa personalidad de gentilhombre que se le imprime, don Augusto accede a aceptar el propósito de los dos jóvenes sin antes dar un consejo donde expone su propia experiencia infeliz al casarse con una mujer distinta a él:

> Yo me casé enamorado de la que hoy es mi mujer. Creí que la desigualdad de cuna —porque había desproporción entre el descendiente europeo de noble raza y la señorita de una aristocracia sudamericana— no sería obstáculo para mi felicidad. ¡Era tan hermosa mi mujer en aquella época, era tan encantadora en su misma ignorancia y hasta en su obcecación religiosa...! que me sentí con fuerzas para soportarlo todo y plegarme durante toda la vida a su modo de ser. Más tarde, el tiempo se encargó de desbaratar mis juveniles propósitos...Hijo mío, debo confesarle que mi vida fue triste (R. B. C., p. 85).

En seguida a esta revelación, él entrega otro detalle importante que involucra a Adriana como heredera de su espíritu:

> La única compensación de mi desafortunada vida matrimonial la tuve en mi hija, heredera de mi espíritu, y a quien procuré educar según las ideas tradicionales de mi raza. Sólo transigí con mi mujer en lo que se refiere a mi religión a fin de no provocar una ruptura... y el fracaso espectacular de mi matrimonio (R.B.C., p. 85).

Cuando don Augusto mantiene sólo haber transigido en lo religioso, se está refiriendo a la infancia de su hija y no a ella como personaje adulto —momento actual del relato— ya que Adriana, incluso en este aspecto se diferencia radicalmente de su madre. Su postura religiosa la acerca más bien a una posición de "libre pensadora" crítica del catolicismo engendrado en su progenitora. Resulta, por tanto, evidente que, en la medida que Adriana es "heredera" del espíritu de Augusto Blume, ambos personajes conforman un núcleo de quiebre con los esquemas tradicionales de doña Juana María. El detalle más resaltante de esta polaridad —Blume-Urquízar— se refleja en la relación que ellos establecen con Bernabé. Si, por un lado, la mujer rechaza al protagonista desde su irracional creencia en el linaje aristocrático, padre e hija, en cambio, lo aceptan movidos por una perspectiva "democratizante" que tiende a valorar el trabajo, la honradez y la educación como virtudes esenciales en el hombre. En una discusión que mantiene con su esposa sobre Bernabé, don Augusto destaca estas virtudes. En esa ocasión, ante el desprecio de ella por el origen social del pretendiente de su hija que la llevará a exclamar: "¡Preferiría verla muerta... O desgraciada con un marido de su clase, pero no feliz con un siútico cualquiera!" (R.B.C., p. 113), él declara con su acostumbrada voz reflexiva[11]:

> —No veo por qué Robles ha de ser menos "caballero" que otros... Es culto, trabajador... fuera de que es honrado y bondadoso a carta cabal, y que siente un verdadero cariño por nuestra hija. Posee buena figura y hasta ha conseguido cierta elegancia. Con esas condiciones puede hacer feliz a cualquier niña bien (R.B.C., p. 113).

Pero estas cualidades que él admira, tienen como trasfondo específico el *self made man*. Es decir, Bernabé no es sólo trabajador, sino es un hombre que ha logrado "ascender" venciendo los obstáculos que la lucha por la vida le ha impuesto. En este contexto, para él, Robles es un caso excepcional:

> He seguido con interés la evolución de los sentimientos de Adriana, y he observado también la perseverancia de usted para colocarse a la altura de ella... Créame que no esperaba un progreso tan evidente. Yo me atrevería a estimar su caso como un milagro, si no tuviese la convicción que nada se realiza en la naturaleza sin una causa, más o menos próxima. Es admirable como usted, por asimilación, o por natural desarrollo de las cualidades propias ha llegado a convertirse en lo que es (E.C., p. 82-83).

El juicio que el Dr. Blume vierte sobre el protagonista remite en forma insoslayable a la noción de la causalidad positivista. De este concepto-base, se puede comprender el antagonismo entre él y su mujer: por un lado, la inmutabilidad de lo jerárquico como elemento organizador del mundo, por otro, la creencia en el cambio a través del proceso evolutivo que genera la lucha por la vida. El democratismo de don Augusto, visto desde esta perspectiva, se entiende, entonces, en la libertad que tiene el individuo para competir libremente. En esta visión de la realidad triunfan los dotados de "perseverancia", los fuertes como Bernabé. Parte constitutiva del discurso democratizante del reformismo yace, también a nuestro modo de ver, en esta visión parcial de la realidad que nos entrega este personaje.

En cuanto a personaje históricamente condicionado, creemos que en don Augusto se reproduce una imagen donde subyace el ideal de comportamiento que el reformismo postula para el "rico". Así, él responde a una proposición de progreso y de sensibilidad social frente al antiprogreso e insensibilidad con que se proyecta a la casta oligárquica. Dentro de esta perspectiva de análisis se debe poner tambien a Adriana. La joven introduce, sin embargo, otros elementos significativos integrados a la totalidad social que reproducen las dos novelas, todo ello encubierto en una historia amorosa llevada al ámbito de lo sublimal-melodramático.

La historia amorosa entre Bernabé y Adriana tiene un sentido clave para situar a los textos como categorías reproductoras de un contexto histórico-ideológico específico. Si consideramos lo que cada uno de estos dos personajes representa —o va a representar, tal es el caso del héroe una vez que adquiere poder económico—, se puede mantener que en ellos se propone una unión social entre los estratos de las clases dominantes: concretamente, entre la oligarquía, o elementos que se identifican con ella, y ese sector de la burguesía que antes hemos señalado como industrial. Esta interpretación no debe sorprender porque es coherente con el carácter de denuncia reformista cuyo contenido, no olvidemos, encierra fundamentalmente un llamado a deponer una "actitud" ("insensibilidad social", "retrogradación"), no es una postura radical que un sector de clase asume frente a otro. En la medida que esto se realizara, se conseguiría la aspiración histórica del reformismo de construir las bases de una paz social, lo cual, visto analógicamente, no es sino una propuesta de unión de intereses.

Es importante señalar respecto a este juicio interpetativo la fisomomía sublimada que adquiere la relación amorosa, hecho determinado por ese carácter ideologizante contenido en los textos[12]. Esto no significa, en última instancia, un intento por encubrir el mensaje social que se constituye en los dos enamorados, sino simplemente proyectar en él, y por ende en el conjunto de los valores que los dos personajes representan, un rasgo de idealidad con el objeto de elevarlo a una categoría de reencuentro con las bondades del mundo o, mejor dicho, a la felicidad que esa unión generaría en términos resolutivos para "arreglar" los males que afectan a la sociedad.

Es en Adriana donde se puede apreciar con nitidez este rasgo sublimado de la relación amorosa. Todo esto connotado desde la totalidad tésica de un personaje —así como el resto— sometido a una práctica estrecha de un esquema social concebido *a priori*.

Como ya indicamos, Adriana en los relatos viene a encarnar los mismos valores positivos de su padre. El mero hecho de corresponder al amor de un hombre sin linaje aristocrático deja en claro su polaridad con respecto a su madre. No obstante, mientras don Augusto es caracterizado como un personaje racional, poseedor de una filosofía de la vida que le permite, por una parte, entender su propia desgracia matrimonial y, por otra, defender las cualidades del héroe, Adriana es mostrada como un ser esencialmente "afectivo", y sensible; de sentimientos desinteresados en su amor por Bernabé y provista de virtudes donde arquetípicamente se conjugan los rasgos físicos y espirituales de la "bella feminidad". Por esto, desde la dimensión idealizada que el protagonista la ve, y consciente de que primero debe "merecerla", la muchacha aparece descrita como un objeto de pura bondad y belleza, hecho que se expresa cuando Bernabé reflexiona sobre la diferencia social que lo separa de la mujer: "Sentía vehemente que esa diferencia desapareciera: así se aproximaría a esa criatura de bondad y belleza" (E.C., p. 64). En este mismo contexto, ella, comparada con su padre y, también con Bernabé como veremos más adelante, aparece marginada de un pensamiento social concreto. Por lo tanto, a través de toda la narración no emite opiniones respecto a esto. La única vez que se aproxima a hacerlo[13], en una conversación que sostiene con el protagonista, se queda a un nivel ingenuo, donde se quiere hacer sentir una visión progresista postulada desde una sensibilidad pura que incluso la lleva a negar la existencia de las clases sociales como valor para enjuiciar al ser humano:

> Las gentes ricas no deben despreciar a los de abajo... En esta vida no valemos más que por nuestras acciones. Hay sólo dos clases: los buenos e inteligentes y los malvados y tontos (E.C., p. 34).

Otro aspecto que complementa lo que hemos dicho sobre Adriana es su dedicación a la pintura. Ello matiza aun más el carácter de idealidad que tiene este personaje como representador de una subjetividad donde se encuentra lo "bello", la cultura, el refinamiento. Por esto, en un momento en que se siente incomprendida por Bernabé, ella le reprocha:

> Me ilusionó por un momento con la idea de cultivar las cualidades bellas, que en Ud. dormían solamente, y ganarme así un verdadero amigo, un amigo en el cual se pudiera confiar como en esta mano (E.C., p. 172).

La cita proviene de un diálogo que ocurre momentos antes de la declaración amorosa. Lo expresado aquí por Adriana muestra, además de lo señalado, un hecho significativo relacionado con los designios arribistas del héroe: concretamente que ella se postula como agente transmisor de estas bellas cualidades en el hombre, las cuales, en el fondo, no son otras sino las rescatadas de su origen aristocrático. Esta función que le asignamos a Adriana es corroborada por el mismo Bernabé cuando, ante la molestia de la muchacha, él afirma con tono rayano en el melodrama: "Yo seré lo que usted quiera, con la condición de que no me aleje de su lado. Me refinaré, si es posible, hasta que no se avergüence de llamarme su amigo. Lucharé, procuraré subir, subir, subir..."(E.C., p. 174).

Si se tiene en cuenta lo dicho arriba, el pensamiento social que subyace en la unión Bernabé-Adriana, está de nuevo sustentado en el paradigma racial positivista. La mujer, así, se convierte en el elemento coadyuvador al proceso regenerativo de lo criollo, representado por el protagonista. Esta interpretación está claramente expresada en una imagen sugerente en la escena en que los dos personajes se declaran amor mutuo, de donde también se desprende el significado simbólico que tiene el apellido de Bernabé:

> El roble fuerte de la selva araucana mezclaba su ramaje hirsuto y poderoso a la frágil encina de la vieja Europa, y en aquel enlace poderoso había algo de sagrado y de solemne que la noche misteriosa parecía recoger en su amplio seno de sombras (E.C., p. 199).

La analogía "roble", "selva araucana" no tiene sentido que implique identificar al protagonista con el elemento indígena que ocupa esa zona, sino más bien es parte de una imagen que tiene como referente la esencialidad de lo criollo; o sea, la realidad socio-cultural que surge del mestizaje. Ello se puede mantener en contraste con la representación negativa del elemento indígena, lo cual se hará evidente cuando discutamos a uno de los personajes de la Escuela de Artes y Oficios. En este contexto, afirmamos que Bernabé encarna a un mestizo idealizado. Sus rasgos físicos: "...alto, musculoso, de tez bronceada por el sol..." (E.C., p. 148), es la conjunción de un carácter cuyo fundamento es la fuerza, la determinación, la voluntad para acometer sus proyectos. Es cierto que en algunos pasajes de la narración se hace referencia a la sangre indígena del protagonista, pero siempre en términos de ese concepto socio-cultural antes indicado. En realidad, a nivel de símbolo, las figuras de Bernabé y Adriana establecen un punto de contacto con un motivo predominante en la literatura hispanoamericana de la época. Nos referimos a la antinomia civilización-barbarie. sólo que aquí lo "primitivo", representado en Bernabé, está propuesto como una fuerza positiva de materia bruta ("ramaje hirsuto y poderoso") que se transforma y complementa con su integración a esa entidad socio-cultural denominada Europa. La importancia de este esquema tésico en las dos obras es proyectado a través del sentido poético-exaltativo que se le confiere a ese enlace: "poderoso," "sagrado" y "solemne".

Al final de *El Crisol*, cuando se cierra el primer círculo de triunfos del protagonista —graduación en los estudios y amor de Adriana— éste con sentido casi prosaico de su propia valoración como individuo, explicita la idea que acabamos de exponer en el comentario que le hace a Aninat, su amigo y confidente a quien, también, interpela por su falta de realismo. De estas palabras se entiende, en parte, el título de la obra, cuyo carácter simbólico homologa el "enlace" de los dos enamorados a la relación hierro-crisol:

> Es Adriana el producto de una raza superior a la mía, compuesta de gentileza y de hermosura. Puse mis ojos en ella, como en un ideal. Mientras tú, pobre amigo, soñabas en el perfeccionamiento por el perfeccionamiento, en el bien por el bien, subordinando el amor y la mujer a un ideal

> intangible de felicidad humana, yo, más pequeño que tú, pensaba en algo real, en un ser de carne y hueso, y hacia ella dirigí mis pasos. De todo eso resultó el milagro que tú dices: soy otro hombre. Como el hierro tosco extraído de las entrañas de la tierra, he caído en el horno rugiente de la vida, para salir de allá transformado en hierro líquido y pasar al crisol que me ha de llevar al molde definitivo (E.C., p. 233).

En todo esto último que hemos planteado queda una interrogante por responder. ¿Por qué ese ensalzamiento que se hace, a través de la figura de Adriana, y por ende también de su padre, de lo europeo; concretamente, de lo germano? De hecho, aparte del origen de estos dos personajes, hay otras referencias tendientes a mostrar admiración por esta cultura. Por ejemplo, Bernabé, entre los libros que lee, se encuentran obras de Nietzche y Stirner. Sin embargo, sería erróneo ver en esta aparente germanofilia, sobre todo en el pensamiento de estos dos filósofos, un *corpus* de ideas en la cual se encuentre la clave para una interpretación totalizante de las novelas. En realidad, en el caso de Stirner y Nietzche, Santiván recoge sólo aspectos parciales que le sirven para construir una totalidad. Nos referimos a aquella dimensión de superhombre que adquiere el protagonista afirmada en el *yo* y la *voluntad* como fuerza todopoderosa en su práctica humana de conquistas; en fin, aquello que da vida a un individualismo recreado en la imagen del *self-made man*. Junto a esto, íntimamente ligado, con Augusto Blume se reconstruye una tipología de individuo ampliamente propagandizada en el ámbito latinoamericano: la del emigrante europeo —especialmente alemán o inglés— proveniente de sociedades capitalistas más avanzadas que, con sus virtudes "intrínsecas" de pragmatismo e iniciativa empresarial, vienen a aportar al desarrollo de los pueblos "atrasados"[14]. En este individuo genérico se concentra un modelo de virtudes inherentes al mundo burgués. Sobre ello se vuelca la alabanza de Santiván. Aquí yace un elemento constitutivo del rasgo ideologizante contenido en las dos novelas.

En síntesis, el amor Bernabé-Adriana sólo se puede entender dentro de la extratextualidad que provee el momento histórico. Visto de esta manera, es un amor —y luego también matrimonio— "arreglado" en el sentido más estricto. Hay otros aspectos relevantes que constituyen una razón más para adoptar esta perspectiva de análisis. Fuera del espacio de idealidad y desinterés con que se busca embellecer los sentimientos de la heroína, la mujer en realidad se enamora de una idea, o sea, de un hombre que es consubstancial a la imagen del *self-made man*. Por ello, en un momento de la narración, Adriana desafía a Bernabé a probarse como tal, en un discurso donde se dice en forma implícita que la conquista amorosa es contingente a la económica:

> Si me considera muy arriba, muy arriba, llegue usted hasta mí, arrebáteme de mi pedestal. Yo seguiré al hombre que sea capaz de esa proeza, siempre que lo estime digno de mi cariño (E.C., p. 214).

Por esta misma razón es que la figura de Bernabé aparece contrastada con otros dos personajes relacionados a la vida amorosa de Adriana: el ex-ministro de guerra Atilano Becerra y el pintor Juan Jacobo Rosas. Con ellos se complementa la crítica dirigida en contra de la oligarquía que indicamos al discutir a Juana María Urquízar. De esta manera, en el plano de los conflictos, ellos emergen también como elementos que atentan contra la felicidad del héroe. En ambos personajes se reconstituye una visión de decadencia muy parecida a la que se perfila en *El Roto*.

En Atilano Becerra, pretendiente de Adriana en un momento del relato, se ridiculiza a una aristocracia corroída por el ocio y la banalidad. Incluso en su estereotipada personalidad de hombre refinado se exterioriza un rasgo de afeminamiento[15]. Todo ello representado como antítesis a la fuerza, vigor, voluntad y sentido de mesura y responsabilidad que guía el comportamiento del héroe. El contraste entre estos dos tipos de hombres queda siempre en evidencia en las tres escenas en que se encuentran. Ejemplo es la que se crea en la escuela de Artes y Oficios, donde Becerra asiste para presenciar la ceremonia de la fundición del hierro presentada por los estudiantes y a cuyo cargo estaba Bernabé. Allá frente a esa figura de petimetre que adquiere el ex-ministro, se destaca el protagonista: junto a los hornos, responsable y dispuesto, lleno de vigor, a trabar batalla contra el hierro. En la siguiente descripción de esta escena, que revela el sentimiento de odio del joven hacia su rival[16], se capta esta idea:

Siente el impulso de echarse sobre aquel viejo y finchado petimetre y pulverizarlo entre sus puños, arrojarlo al fuego de los hornos. Pero luego sus músculos se distienden, sus ojos apagan su brillo y abandona desanimadamente el grupo que lo rodea para dirigirse con pasos lentos hacia la plataforma de los hornos. Es necesario todavía dar algunas órdenes, vigilar los últimos trabajos (E.C., p. 150).

El otro hombre en la vida de Adriana es Juan Jacobo Rosas. Ella se había dejado deslumbrar por ese "artista afamado, rico, de conocida familia y que recorría el mundo con aire displicente de gran señor" (R.B.C., p. 99). Con este personaje, Santiván, recoge la figura clásica del don Juan. El cinismo y visión sibarita de la existencia son otros aspectos que van a complementar la personalidad sexualmente promiscua de este individuo. El romance termina con el motivo del desengaño, cuando la enamorada descubre al pintor en brazos de otra. En una reflexión sobre la "mancha negra" que había dejado en su espíritu este contacto amoroso, Adriana piensa en Bernabé como fuerza nueva y distinta:

En esta situación de espíritu la sorprendió Bernabé al aproximarse a ella ofreciéndole su admiración y cariño. A ella le pareció extraño aquel homenaje, tan nuevo en su vida, de un ser casi primitivo, sin dobleces, fuerte y honrado. El contraste con los otros que encontrara en su camino, la hizo fijar su atención en él (R.B.C., p. 112).

Estos son, en suma, los elementos caracterizadores que se desprenden de la relación entre Bernabé y el conjunto del espacio social representado por los Blume. Falta ahora por complementar esta visión con la que se establece en el contacto del protagonista con el sector popular, novelado en la Escuela de Artes y Oficios y luego en la fábrica.

El discurso reformista, en la presentación de este espacio, está dirigido de manera fundamental a captar la realidad social desde la perspectiva que impone la problemática obrera. Por esta razón, el accionar del protagonista, en la medida que él encierra las bondades de un pensamiento reformador, adquiere una dimensión más concreta en cuanto a hombre identificado con estas ideas; por lo tanto, más abiertamente congruente con la lógica de un proyecto político-social. El mero hecho de que Santiván haya tomado como material novelesco una institución donde se preparan obreros y el lugar natural de trabajo de ellos, pone a los dos textos en el centro de los intereses reformistas que en esa época abogan por el desarrollo industrial del país.

En relación a la problemática obrera, los conflictos y personajes que aparecen en la escuela y también en !a fábrica, nítidamente reproducen la visión reformista con su perspectiva crítica hacia las dos posiciones extremas rechazables: la insensibilidad social del régimen político imperante y la obcecación de un sector identificado como anarquista promotor de la violencia. En el centro de esta disyuntiva emerge el elemento reordenador, la voz resolutiva que hace posible detener el curso nefasto que envuelve a estas dos polaridades: Bernabé Robles.

En la característica de la escuela subyace una homología con la imagen opresora de la *elite* gobernante, reflejada en los hombres que administran dicho establecimiento: actitud despótica, espíritu retrógrado, ineptitud e insensibilidad social. Todo ello atenta en contra de un alumnado de origen obrero y campesino. En el director, por ejemplo, se actualiza la ineptitud y corrupción del aparato público-administrativo.

La visión retrógrada de los que dirigen la escuela se muestra a través del conflicto que genera la propuesta de uno de los ingenieros para la construcción de un motor. Los estudiantes, apoyando esta iniciativa, forman un movimiento de protesta con el objetivo de presionar a la dirección que se opone al proyecto. La mentalidad antiprogreso que encierra la posición de la escuela frente a este hecho la expresa la posición de la escuela en el siguiente comentario caricaturesco:

> Si se necesita un nuevo motor, no había más que encargarlo a Europa. Era más fácil y barato. A la Escuela de Artes iban los estudiantes a prepararse para ser operarios y no a perder el tiempo en monerías (E.C., p. 52).

La misma lógica abiertamente tésica de esta situación novelesca se desprende del conflicto que crea la muerte de dos de los estudiantes. Una producida por la irresponsabilidad y trato brutal que impone el médico de la escuela; la otra, ocurrida a causa de un accidente, revela el estado de indefensión que sufren los habitantes de ese espacio. En ambos casos, la desgracia de estos dos jóvenes está ligada a la imagen opresora e insensible de la dirección.

Importante de destacar es la posición de Bernabé frente a estos dos conflictos, ya que en ello se connota el mensaje político-social configurado en su persona. Con respecto al primer ejemplo, que involucra la fabricación del motor, él no participa en el movimiento de protesta. Esto deviene de un concepto central que caracteriza su práctica y pensamiento: la idea de que el cambio social debe venir desde "arriba". En esta noción subyace, sin duda, una perspectiva que tiende a negar el movimiento participativo de los sectores populares —representados por los estudiantes de la escuela— como fundamento para el cambio. La clave, entonces, para reformar la sociedad está en la formación de líderes preparados, destinados a ocupar cargos de poder, que logren realizar tal empresa. Políticamente hablando la voluntad de superación del héroe, su fibra de *self-made man*, está dirigida también a hacer prevalecer esta idea. El desenlace positivo que tiene el conflicto valida esta interpretación: el motor se construye sólo gracias a la iniciativa personal del ingeniero y no como resultado del movimiento de protesta. Hecho que también explicita el protagonista cuando aconseja, en un diálogo que tiene con Enrique Aninat sobre la protesta, lo siguiente: "Si quieres hacer algo por la enseñanza industrial, procura ocupar con el tiempo la Dirección de la Escuela o la cartera de Industria" (E.C., p. 54).

La ingenuidad narrativa patentizada en estas situaciones novelescas, reflejo de las limitaciones que impone lo tésico, se lleva a los otros acontecimientos que ocurren en la escuela. Para luchar contra las injusticias de la dirección, a instancias de Aninat y otros alumnos, entre los cuales se encuentra Bernabé, se crea una liga estudiantil. Las virtudes del protagonista: alumno destacado, conducta ejemplar, carácter voluntarioso y racional, además de que su posición frente a la protesta había resultado correcta, le va a significar que el resto del estudiantado vea en él un líder de la liga. La naturaleza de esta organización, concebida sobre la base de ir ganando espacios a través del buen comportamiento y seriedad de sus miembros, contiene un discurso de rechazo al anarquismo connotado en la protesta; al mismo tiempo, involucra una forma pacífica de hacer sentir las quejas de los alumnos. El papel positivo que juega la liga pronto se hace ver en la resolución del segundo conflicto creado en torno a la responsabilidad del médico en la muerte del estudiante.

Sin embargo, poco a poco, la liga cae en la anarquía. Proceso que culmina en desorden generalizado con el pronunciamiento de una huelga que causa conmoción pública y cuyo resultado va a ser la expulsión de Enrique Aninat y Carlos Manzo. Esto ocurre, significativamente, al encontrarse Bernabé alejado de la escuela como consecuencia de un accidente que sufre. En la visita que le hace Aninat, todavía postrado en cama, lo entera del malogrado fin de la organización, hecho que él relaciona a la ausencia del líder.

> ...hacía lo posible por alentarlos. Pero no tenía el ascendente tuyo sobre la Escuela entera. Después que te viniste pude comprender lo que valías como fuerza moral ante los muchachos...Lo confieso, me sentía impotente para dominar aquella horda de salvajes, a pesar de que me reconocían como jefe...Después que te viniste, la federación comenzó a convertirse en foco de desórdenes. Orgullosos del triunfo obtenido contra el doctor Eggers, comenzaron a abusar de sus fuerzas... (E.C., p. 182).

Esta misma imagen peyorativa del pueblo[17], calificado como "horda de salvajes," se reproduce al narrarse la huelga[18]. Obsérvese de nuevo, la forma caricaturesca con que se establece la homología entre el estudiantado y la bestia incontrolable:

> Como piño de ganado que pasa por encima de su pastor, el grupo de muchachos cruzó, corriendo junto a don Rodofo Polanco, empujándolo, arrollándolo, y siguió hacia los potreros de la Quinta con gran algarabía de gritos y fanfarronadas.
> -¡Abajo el Director!
> -¡Muera el viejo Polanco!
> -¡Muera!
> -¡Abajo! (E.C., p. 189)

El destino final de la liga sirve también para reforzar la concepción ya mencionada anteriormente: los cambios deben provenir de "arriba". Por eso, en la escena de la visita de Aninat a Bernabé, este último, reflexionando sobre la conducta de los alumnos, dice:

> Ellos no son buenos ni malos. El mal estuvo en haber confiado en sus fuerzas. Mejor hubiera sido no esperar nada de ellos. Ahora, más que nunca, debemos pensar primero en

nosotros y luego en los demás. Perfeccionémonos. Ya nos seguirán los que puedan (E.C., p. 193).

Fuera del protagonista, entre los estudiantes de la Escuela de Artes y Oficios, los únicos que tienen cierta relevancia en el relato son José Contreras, Enrique Aninat y Carlos Manzo.

Si Juana María Urquízar aparece articulada en función de la negatividad de un extremo —en la oligarquía— la figura de José Contreras se constituye como representación del otro: aquel responsable de promover la anarquía. Ello, por ejemplo, se revela en la escena donde se narran los desórdenes que se producen el día de la huelga. Aninat, tratando de calmar el ánimo de los estudiantes, diciendo que "...nada se obtendría con la violencia" (E.C., p. 183), es bruscamente interrumpido por las palabras encendidas de Contreras que instigan a realizar la acción de protesta: "¡Es preciso recordar que tenemos la fuerza! No debemos hacerle caso a Aninat. Nada conseguiremos con buenas razones!" (E.C., p. 184). Desvirtuado Aninat, los alumnos siguen la propuesta violenta de Contreras.

Con la misma imagen ruptora del orden, este personaje reaparece en la fábrica de Bernabé. Allá conspira contra el patrón diseminando el descontento entre algunos de los obreros. La constitución de Contreras como fuerza que genera este tipo de conflictos, significativamente, está contextualizada en una personalidad en que se reproducen algunos de los mismos rasgos negativos utilizados en la novela de Edwards Bello para caracterizar al hombre de origen popular. Hijo de obreros de las pampas salitreras, además de que sus acciones revelan un carácter belicoso, inclinado a la violencia, en él se proyectan dos vicios que aparecen en El Roto: propensión a la bebida y promiscuidad, lo cual parcialmente es expresado en el siguiente comentario "...bebe en forma intemperante y remuele hasta perder el equilibrio" (E.C., p. 71). Otra semejanza obvia con el relato de Edwards Bello es su origen indígena, reflejado en el apodo peyorativo "la Boliviana" que recibe.

De los estudiantes, el único que no proviene de los sectores populares es Enrique Aninat. Con este personaje, hijo de una familia acomodada, probablemente de la pequeña burguesía, Santiván recrea al tipo intelectual de la época movido por una conciencia regeneradora. Su presencia en ese centro de estudios, entonces, se justifica a partir de una toma de posición frente a la sociedad chilena, que él mismo confiesa a uno de sus condiscípulos al declarar:

> Me dio la chifladura de la democracia y de la regeneración social y preferí encerrarme entre estas cuatro paredes, empuñar la lima y el martillo y convertirme con el tiempo en modesto obrero (E.C. p. 78).

Seguido a esta declaración, él agrega: "...somos un pueblo que necesita, antes que nada, fábricas y campos cultivados científicamente" (E.C. 78). Es en esta forma que Aninat aparece identificado con la visión crítica configurada en el protagonista y, asimismo, a diferencia de Contreras, estáproyectado como un personaje eminentemente positivo. En el acontecer novelesco, ello se expresa en la estrecha amistad que lo une a Bernabé. Sin embargo, a pesar de esto, Aninat surge categorizado como contraste a la personalidad pragmática y triunfadora del héroe, elemento que éste último pone en evidencia cuando expresa: "Enrique Aninat es demasiado bondadoso. Tiene el alma de apóstol. Pero pierde su tiempo de manera miserable" (E.C., 74). En otra ocasión, el narrador, asumiendo la perspectiva del mismo Bernabé, precisa aún más sobre el tipo de personaje que Santiván busca reflejar en él:

> Siempre fue un enigma para Bernabé la falta de éxito de Enrique en sus incursiones en la vida. Aninat poseía imaginación desbordante, corazón puro, inteligencia equilibrada. Sin embargo, algo había en su organismo que esterilizaba su vida y convertía en humo sus proyectos. Pertenecía a un tipo de seres que, poseyendo magníficas condiciones para triunfar, llevaba en su espíritu un principio disolvente que neutralizaba sus buenas cualidades (R.B.C., p. 65).

En el contexto de los triunfos y sentido de practicidad que mueve la existencia del héroe, es obvio que esta caracterización apunta a establecer una antítesis. El "principio disolvente" en la personalidad de Aninat tiene como referente una conducta adepta a construir grandes proyectos que continuamente resultan en el fracaso porque están concebidos desde una óptima que de manera general podríamos denominar "idealista" versus, por tanto, el realismo encarnado en el protagonista. Pero, ¿qué significa

esta oposición en el pensamiento social de las dos obras?
¿Por qué la vida de Animat carece de los éxitos que sella la
de su amigo? Para dar respuesta a esto hay que volver al
concepto manejado por Bernabé: los cambios deben
provenir de "arriba", frente a lo cual se oponen las acciones
de Aninat que revelan la creencia que ello puede realizarse
desde "abajo", es decir, utilizando una noción más social,
desde la masa. Por esta razón, él participa en la protesta,
de alguna manera también en la huelga y mantiene siempre
la posibilidad de que sus compañeros puedan
"regenerarse". De aquí, asimismo, se desprende el
calificativo de "apóstol" que recibe Aninat. Llevado este
esquema a un plano más específico, resulta que Santiván, a
través de la figura de este personaje termina en realidad
fustigando un idealismo asociado, o cercano, a lo que sería
una concepción socialista-utópica[19], enfrentada al
individualismo exacerbado y triunfal del héroe. Esta es en
el fondo la idea que emerge de la reflexión que hace
Bernabé sobre los diversos momentos en la vida de su
amigo: su paso por la escuela, su asociación a un grupo
tolstoyano e incluso la motivación que guía sus amores:

> En él, el tolstoísmo evangélico, como antes su socialismo
> pacifista y su ideal de fraternidad con los compañeros de la
> escuela; su deseo de estudiar un oficio; sus amores llenos de
> tierna piedad por seres insignificantes y desgraciados; y sus
> proyectos pedagógicos no eran más que desahogos de un
> espíritu dotado para la vida romántica e idealista... (R. B. C.,
> p. 75)[20].

Sin tener la relevancia de Contreras y Aninat, tanto por
su presencia en los hechos novelescos como en cuanto a
categorías sociales significativas, Carlos Manzo, el otro
personaje de la escuela antes nombrado, se sitúa en la
narración personificando una virtud: el pragmatismo. Ello
se tipifica en todas sus acciones y en la admiración
exagerada que muestra por la cultura anglosajona y
germana. Manzo, pues, conforma valores semejantes a los
del protagonista y, por consiguiente, también en oposición
al idealismo de Aninat. No obstante, comparado con el
primero, hay en él elementos que establecen un contraste.
Su carácter flemático, apagado y falto de presencia en los
demás revela una carencia de los atributos —fuerza,
voluntad y personalidad siempre influyente— que
convierten a Bernabé en dirigente natural de hombres. El

sentido de "perfección" que adquiere el héroe en el contexto de las "debilidades" de este personje, así como en el caso de Aninat, contribuyen a estructurar en él esa dimensión inequívoca que caracterizan su práctica y realidad valórica. Ello se cristaliza en forma definitiva al transformarse en dueño de la industria y, luego, convirtiendo a Adriana en su esposa.

El rasgo ideologizante que tienen estas dos obras de Santiván en ninguna parte se revela tan claro como cuando Bernabé aparece en posesión de la fábrica, símbolo de su triunfo económico y en torno, donde pone en práctica sus ideas reivindicacionistas. Todo ello transmitido a través de escenas e imágenes que dejan al desnudo la visión ingenua, esquemática e incluso demagógica con que la narración pretende dar respuesta a un mundo socialmente conflictivo.

En ninguna otra parte, las virtudes del hombre de empresa contenidas en él son más idealizadas que cuando se entrega al trabajo de levantar la industria:

> El joven fundidor había puesto en la fábrica su vida entera, desde el amanecer hasta las últimas horas del día no hacía otra cosa que recorrer sus talleres, repartiendo el trabajo, aconsejando a los operarios torpes, ayudándoles en ocasiones, vestido con su traje de taller, a forjar una pieza en el martinete o a manejar los tornos mecánicos d eprecisión[21].

En ese proyecto, en el cual don Augusto es socio, aun la amada lo acompaña, poniendo las utilidades de la venta de sus cuadros al servicio de la empresa. Reflejo del espíritu del protagonista es también el orden, la limpieza, la justa disposición de las maquinarias que se observa en la fábrica. En ese ambiente ideal de trabajo laboran los obreros de Bernabé. Ellos, además de ser bien tratados, reciben buenos salarios, participan de las ganancias de la fábrica y hasta una escuela se establece para ayudar en su educación. A pesar de todo esto, sin embargo, los obreros se muestran descontentos, continúan siendo arrastrados por el vicio e incluso se burlan de la imagen regeneradora que el patrón asume ante sus ojos. A esta conclusión llega Bernabé:

> Todos los esfuerzos gastados para mejorarles su condición habíanle resultado vanos. Aumentos de sueldo, gratificaciones, participación en las utilidades, amén de los consejos y promesas de ayudarlos a mejorar la suerte.
> Inútilmente había instalado, anexo a la fábrica, una escuela nocturna, en la que de vez en cuando, además de la

116

enseñanza rudimentaria, procuraba inculcar a los obreros hábitos de higiene y economía. Lo llamban intruso, y lo señalaban burlonamente con el nombre de "canuto", confundiéndolo con esos incansables propagandistas evangéicos que fundan escuelas y recorren campos y ciudades... (R. B. C., p. 39).

El "error" del protagonista, al concebir su plan reformador, está novelado en función de un concepto ideológico fundamental: la regeneración de la clase obrera sólo sería posible si en ella se despierta el amor a la propiedad privada. Por esto, él, continuando con la reflexión anterior, elabora un proyecto de préstamos para que sus trabajadores construyan sus propias viviendas. El proyecto es presentado más tarde a los obreros, quienes lo aceptan sin entusiasmo. Bernabé explica que la población sería construida en una propiedad ya adquirida por la empresa. El costo de las viviendas sería asumido por los mismos trabajadores y pagadas con las utilidades que les correspondían como socios de la fábrica. Pero, en lo que constituye un verdadero desborde de "generosidad" social, él agrega que en dicho lugar:

Se reservaría, además, terreno para construir una biblioteca destinada a los obreros y una escuela para sus hijos. Otro espacio lo ocuparía un estadio o campo de juegos, con canchas de fútbol, tenis, salas de boxeo, esgrima, etc.. Ciertas líneas del plano indicaban los pabellones para los baños. Cerca se situaría el Casino con sala de baile, teatro para conferencias y reuniones sociales, cantina antialcohólica y restaurante para los operarios sin familia. Junto a esta construcción se levantaría el pabellón de la Cooperativa con sus diversos almacenes: abarrotes, carnicería, sastrería, zapatería, tienda de trapos (R. B. C., p. 182).

Esta cita proviene del discurso que Bernabé pronuncia al celebrarse el quinto aniversario de la fábrica. Es la última escena de *Robles, Blume y Cía* y corresponde al momento decisivo en la configuración del protagonista como modelo inimitable de regenerador y líder social. Es una instancia del relato sorprendente por el intenso melodrama y casi patética solemnidad con que se busca valorar a un personaje estereotipado en la más pura demagogia, lo cual, por ejemplo, se observa en la reacción de los trabajadores ante las promesas de bienestar que él expone:

Suspensos, fascinados por este programa de holgura, escuchaban los obreros. Un profundo silencio hacía honor a las palabras que Bernabé pronunciaba con el acento seguro del hombre que tiene en sus manos los elementos para realizar lo que ofrecía. Sólo la respiración de los ventiladores de la fundición llenaban las pausas con su ansioso trepidar (R. B. C., p. 183).

La escena del discurso ocurre momentos después de un tenso encuentro entre Adriana y Bernabé. Vencido por la oposición de la madre y profundamente despechado al enterarse de la aventura amorosa de la joven con el pintor Rosas, él parece desechar en forma definitiva sus sueños de matrimonio. En el discurso, a manera de confesión con sus obreros, Bernabé se refiere a su tragedia personal, llegando con voz cada vez más estentórea a identificar la causante de su infelicidad: la oligarquía:

Habló entonces de una clase social que mantenía, a través de siglos, prejuicios obcecados y absurdos. Esta clase dominaba en nuestro país. Con su insultante orgullo y su testarudo desprecio, impedía una sana hermandad entre humildes y privilegiados. Esa casta fue la que lo apartó para siempre de lo que fue durante años su razón de existir. (R.B.C., p. 187)

Pero esto no es todo. Lo que sigue amplía la connotación demagogizante del relato en esta escena, cuando los obreros, al percibir quién es el verdadero enemigo de su patrón, gritan en apoyo:

-¡Qué mueran! ¡Qué mueran!
-¡Abajo los burgueses.
-¡Hay que matarlos! (R.B.C., p. 187).

La respuesta que da el joven empresario a esos trabajadores que le rinden adhesión es precisa y contundente. En ella se cierra el círculo de su visión reformista, sostenida en el centro de esos dos extremos caracterizados a lo largo de este estudio:

—Pensáis que hay que matarlos. ¡Está bien! ¡Pero entendámonos, compañeros...! Hay que matarlos en lo que hay de imperecedero en el hombre. Hay que perseguir y acosar al enemigo, pero no con las armas materiales ni con violencias espasmódicas... De este modo se matan los cuerpos. Lo que hay que destruir es el espíritu, pulverizar eso implacable que se llaman ideas equivocadas, prejuicios, injusticias sociales. (R. B. C., p. 188).

Luego, invoca los ideales de armonía social:

-¡Qué mueran los burgueses!, proclamáis vosotros. Y yo os digo: ¡Que vivan, pero que se transformen! Qué vivan, si pueden alternar con nosotros en generosa convivencia (R.B.C., p. 190).

Por ello, añade, también:

La renovación social debe realizarse con sabiduría y sin odios estériles. Recomenzar nuevos ensayos, repetir las orgías de la Revolución Francesa, sería absurdo... Esas orgías cumplieron ya su destino... (R.B.C., p. 190)[22].

Don Augusto, presente en toda la escena y mostrando su acuerdo con las palabras de Bernabé, resume con el siguiente comentario lo que Santiván quiso recrear ingenuamente a través de la figura de ese hombre poderoso en el espacio de su fábrica:

Usted, Bernabé Robles, ha realizado en pequeño, una revolución social. Los beneficios del capitalista van a ser compartidos con los trabajadores. ¡Ojalá que todas las revoluciones tuvieran un término semejante! (R.B.C., p. 192).

El triunfo del protagonista, su constitución como guía y modelo de un proyecto regenerador se confirma cuando, al final de su discurso, termina simbólicamente en andas sobre los hombros de aquel obrero conspirador, propugnador de la violencia, anárquico y vicioso: José Contreras[23]. Aninat y Manzo, también, le rinden homenaje. Ambos terminan contribuyendo a esa "revolución en pequeño" realizada por Bernabé: el primero como gerente de la empresa; el otro, a cargo de la educación y todo lo que se refiere al bienestar de los trabajadores.

En el discurso Bernabé anuncia un viaje de perfeccionamiento por el extranjero que lo ausentará de la fábrica por un largo tiempo. Esto, junto a la actitud arrogante que él mantiene frente a Adriana mientras habla y la crítica exacerbada en contra de doña Juana María y su casta, parece indicar el rompimiento definitivo de su relación amorosa. Y, en efecto, el relato se cierra cuando la joven abandona desconsolada la sala del discurso. En el melodrama que envuelve a los enamorados, esta situación tiene una funcionalidad manifiesta. En la escena que Adriana le confiesa sus amores con el pintor, ante el hecho de haberse convertido en una mujer cuya virginidad ha sido "manchada," ella se le ofrece para vivir como amantes. Con ello se cierra otro círculo, el del poder del héroe: el aparente rechazo de Bernabé, al considerar su relación terminada, y el acto supremo de sacrificio —y por ende, de postración ante el hombre— involucrado en el ofrecimiento de Adriana, ubica a Bernabé en un espacio superior al de esa mujer de linaje aristocrático[24]. Al respecto, las propias palabras de la amante acongojada, sin embargo, todavía en rendición admirativa, son sugerentes:

> ¡Qué lejos de su ternura se hallaba en esos momentos el fundidor! ¡Tan sereno e inconmovible como estatua de bronce! ¡Aquel hombre que estaba mirando tenía poco de humano. El Bernabé que Adriana veía desde la ventana del taller no era el hombre suyo, que ella recibió en sus brazos y a quien acunó con ternura! (R.B.C., p. 196).

Así, pues, se da fin a *Robles, Blume y Cía.* La figura humilde y anónima del provinciano que abre el relato ha terminado en medio de todos esos seres que le rinden tributo y confirman su virtud de regenerador social. Sólo falta Adriana en su vida. Esto, como ya indicamos, se resuelve en el epílogo. Aunque esta parte se escribe años después de la publicación de las dos obras, todo el esquema narrativo anterior señala que la idea original de Santiván contemplaba unir a los dos enamorados. Con el casamiento Bernabé no sólo triunfa en la conquista amorosa, sino, también, en el sentido político porque la unión se realiza con el beneplácito de ese espíritu retrógrado encarnado en doña Juana María y, en la medida que ella representa los valores oligárquicos, en su cambio de actitud, no se busca reflejar otra cosa que la esperanza de transformación de este sector social . De esta manera, con la solución feliz del conflicto creado por la orgullosa Urquízar, se impone la armonía: las fuerzas del centro han anulado a los extremos. Y, más aún, en lo que podría denominarse "epílogo de un epílogo", hombre y mujer, amalgamados en la sangre empresarial de Bernabé y el espíritu aristocrático de Adriana, terminan enlazados en un matrimonio no constituido tanto en la realidad de lo cotidiano-familiar,

120

sino como fundamento vital de seres comprometidos con un proyecto social. Adriana es la que sintetiza esta idea en el camarote del barco que los lleva en el viaje de "perfeccionamiento" antes anunciado por quien es ahora su esposo:

> Viviremos lejos de este mundo que pudo separarnos. Tú lo combatirás y yo te acompañaré. No le pertenecemos a él sino a nosotros. Juntos contribuiremos a educar al pueblo estragado por la miseria y la ignorancia. Si adquirimos fortuna, ésta será para ellos y para darles el bienestar que necesitan. Nada queremos para nosotros. Tendrán, si Dios nos protege, trabajo, escuelas, hogares confortables. El mismo viaje nuestro no es de placer, únicamente. Vamos al extranjero, no en busca de placeres, sino a estudiar el trabajo humano o a impregnarnos de la belleza artística; más tarde transmitiremos a los nuestros la experiencia que adquiramos (R. B. C., p. 248-249)[25].

NOTAS

[1]Las fuentes críticas sobre las dos novelas son escasas y limitadas a juicios generales aparecidos en textos de literatura chilena, revistas especializadas y artículos de periódicos. Véase por ejemplo: Emilio Vaisse, *Estudios críticos de literatura chilena* (Santiago: Ediciones de la Biblioteca Nacional, 1961), pp. 372-378 y 386-390; Raúl Silva Castro, *Creadores chilenos de personajes novelescos* (Santiago: Biblioteca Alta Cultura, s/f), pp. 201-202; Mariano Latorre *La literatura chilena* (Buenos Aires: Coni, 1941), pp. 74-78; Hernán Díaz Arrieta, *Panorama de la literatura chilena durante el siglo XX* (Santiago: Nascimento, 1975) pp. 76; Hernán del Solar, *Premios nacionales de literatura* (Santiago: Nascimento, 1975) p. 78 y 80-81; Lautaro Yankas, "Literatura chilena de contenido social," *Atenea*, 187 (Enero-marzo 1975), pp. 114-132, véase pp. 120-121; Luis Merino Reyes, "Fernando Santiván escritor sureño", *Atenea*, 431 (Enero-marzo 1975), pp. 123-131; Miguel Angel Díaz, "Vida y obra de Fernando Santiván", *Occidente*, 239 (Agosto 1972) 1975). Entre todas estas referencias críticas, por la extensión de sus comentarios, hay que destacar el libro de Helene Tkitsikas, *Fernando Santiván, humanista y literato* (Santiago: Nascimento, 1971), texto que también incluye una bibliografía bastante completa sobre el autor.

2 No existe, a nuestro entender, ningún estudio que plantee enfocar el análisis dentro de esta perspectiva. La tendencia general que se observa en las fuentes críticas citadas, así como otras consultadas, revelan una actitud de condescendiente valoración positiva respecto al valor social de las dos obras. Otras, las menos, las enjuician desde una óptica conservadora, tal es el caso de Díaz Arrieta. Para una síntesis de diversos comentarios, véase el libro de Tzitsikas, pp. 158-160 y 167-169.

3 Véase, por ejemplo, el libro de Díaz Arrieta, p. 76 y su artículo, "Robles, Blume y Cía, novela de Fernando Santiván", La Nación (Santiago, Chile), 7 de marzo, 1923, p. 4.

4 Entrevista publicada en La Nación, Suplemento Dominical (Santiago, Chile), 7 de marzo, 1969, n. pág.

5 Véase página 30 del capítulo 1.

6 Al respecto, varias de las fuentes críticas consultadas señalan la influencia de Blest Gana con su novela Martín Rivas. Asimismo, Díaz Arrieta, en su artículo citado, remite el tema a las obras de los franceses Georges Ohnet, Dueño de las herrerías, y Juan Francisco Rousseau en Nueva Eloísa. Merino Reyes, por otra parte, lo relaciona con La novela de un joven pobre de Octavio Feuillet.

7 Fernando Santiván, El crisol (Santiago: Nascimento, 1926), p. 9. Todas las citas posteriores de la obra provienen de esta edición. En paréntesis, se le identificará con la sigla E.C. y se incluirá el número de la página.

8 La visión que se desprende de este tipo de imágenes naturalistas aparece siempre reiterada en personajes de extracción popular. Sin embargo, a diferencia de El Roto, ello no es predominante, lo cual tiene su explicación en lo que afirmamos en la página 4.

9 En Robles, Blume y Cía este hecho lo expresa el narrador con evidente intencionalidad al indicar que el sacerdote "... había nacido en aristocrática cuna", p. 118.

10 Fernando Santiván, Robles, Blume y Cía (Santiago: Nascimento, 1964), p. 122. Todas las citas posteriores provienen de esta edición. En paréntesis, se le identificará con la sigla R.B.C y se le incluirá el número de la página.

11 El espíritu racional de don Augusto es otro rasgo diferenciador opuesto al carácter obcecado de su mujer.

122

¹² Un juicio interpretativo diferente al nuestro es el que vierte Tzsitsikas sobre la historia amorosa, la cual es comentada exclusivamente desde una perspectiva intratextual, valorándola, por tanto, sólo como expresión sublimada de algo ejemplar. Así, la autora, llega a la conclusión que "Adriana es una persona verdaderamente sublime en su amor y comprensión por Bernabé", p. 173.

¹³ En realidad, como se hace ver en la última página de este capítulo, hay otra ocasión en que Adriana emite un comentario social, pero ello ocurre en el epílogo y, además, lo que expresa en dicho momento confirma precisamente la interpretación mantenida aquí y en las páginas siguientes respecto a su función como personaje.

¹⁴ Síntesis de esta idea es la sociedad que forman Bernabé y don Augusto para levantar la fábrica, de donde viene el título de la segunda novela. El viejo Blume, además de dinero, contribuye con el prestigio que "...les abriría el crédito necesario en los bancos y casas importadoras de maquinarias" (R.B.C., pp. 11-12).

¹⁵ Entre los personajes aristocráticos que aparecen en *El Roto* también se connota este rasgo, especialmente en el joven amante de la regenta del prostíbulo.

¹⁶ El odio del protagonista no es sólo una reacción por el despecho que siente al creer que Adriana es la prometida de Becerra, sino que también está contextualizado en el tratamiento despectivo que éste le da en otros dos momentos del relato. Odio, por consiguiente, que se vuelve sobre el origen oligárquico de su contricante. Sin embargo, este sentimiento, aunque se interioriza con un llamado a la violencia —tal como se muestra en la descripción—, exteriormente nunca se consuma de esta manera, imponiéndose siempre el elemento reflexivo de su personalidad, hecho manifiesto en la observación: "...luego los músculos se distienden, sus ojos apagan su brillo..." Así, a diferencia de Esmeraldo, él supera el odio puramente instintivo, transformándolo incluso en fuerza motivadora para realizar sus triunfos. Esta cualidad de Bernabé, pensada en relación con el personaje de Edwards Bello, se pone en evidencia de nuevo en el segundo encuentro con el ex-ministro. Allá, curiosamente, rodeado de Becerra y sus congéneres, experimenta un deseo de venganza expresado a través de una imagen de gran afinidad con la que se narra el crimen de Esmeraldo, pero ello no se realiza por lo mismo que acabamos de señalar: "Sus narices se dilataron como las de Caupolicán que olfateara en el aire la sangre de sus enemigos. Hubiera deseado saltar en medio de ellos, corvo puñal en mano y degollar a todos aquellos Atilanos Becerras" (E.C., p. 117).

[17] El término "pueblo" lo utilizamos como referente de clases populares, lo cual, dentro de la perspectiva de análisis asumida, aquí aparece representado por el conjunto del estudiantado.

[18] Santiván, en la entrevista citada, al referirse a *El Crisol*, aunque sin llegar a nuestras conclusiones, afirma que tuvo como interés específico narrar el fenómeno de la huelga: "En *El Crisol* se estudia lo que podría denominarse la psicología de las huelgas al relatar el motín en la Escuela de Artes y Oficios..." Interesante observar que este juicio surge en el contexto de un comentario negativo sobre la crítica, al explicar que tanto este aspecto social de su obra, así como otros, no han sido considerados. Afirmación con la cual coincidimos.

[19] Este término lo utilizamos aquí con un sentido amplio, como una corriente no necesariamente asociada a lo que históricamente se ha entendido por socialismo científico. De hecho, considerando la caracterización de Aninat, ello en realidad está más cerca a la tendencia socialista utópica originada en el siglo XIX, pero que conoce más tarde otras vertientes, tal es el caso del tolstoyanismo. Lo importante es entenderlo como una fuerza negativa enfrentada a los valores del héroe sustentados en el individualismo, base donde construye su sistema valórico. Con esto, sin duda, Santiván busca reproducir en el campo de las ideas dos alternativas claramente identificables en la época en relación con la problemática social.

[20] Hay varios elementos en la vida de Aninat que lo proyectan como *alter ego* del autor. La mención del "tolstoísmo" del personaje tiene una obvia referencia a la llamada "Colonia Tolstoyana", fundada por Santiván, D'Halmar y el artista Julio Ortiz de Zárate. Incluso, en *Robles, Blume y Cía*, en una escena descrita con evidente intencionalidad satírica, Aninat aparece formando parte de un grupo tolstoyano junto a un excéntrico personaje, César Almario, que inconfundiblemente caricaturiza a D'Halmar. Otros detalles biográficos coincidentes entre autor y personaje son: Santiván asistió a una escuela de artes y oficios motivado por un idealismo semejante, de la cual fue expulsado. También, están sus estudios de pedagogía, su origen vasco y procedencia de familia acomodada. Si se considera la representación de Aninat, se puede afirmar que el escritor a través de éste hace una reflexión autocrítica de aspectos de su propia vida. Los dos libros autobiográficos de Santivan, *Memorias de un tolstoyano* (Santiago: Zig-Zag, 1955) y *Confesiones de Santiván* (Santiago: Zig-Zag, 1958), entregan datos importantes sobre su pensamiento, vida y contexto epocal en que se desarrolla su actividad literaria.

[21] En varios momentos de la narración, tanto en la Escuela de Artes y Oficios como en la fábrica, se recrean escenas semejantes a estas: Bernabé unido al trabajo mecánico. Hecho que motivó el

siguiente comentario de Mario Osses sobre *El Crisol*: "El libro es un elogio, un epinicio o himno triunfal que se tributa a la técnica", *La Nación* (Santiago, Chile), 11 de octubre, 1953, p. 2, citado por Tzitsikas, p. 159. Comentario que consideramos correcto si se le mira a partir del carácter meramente exaltativo que esto tiene en relación al protagonista. Vista, no obstante, desde la perspectiva histórico-ideológica, esa imagen reiterativa (hombre-máquina), no sólo revela una postura frente a la necesidad de un desarrollo industrial, sino que está en función de transmitir algo más amplio y esencial en un momento en que la sociedad chilena entra en un proceso de modernización estructural capitalista: el dominio del hombre sobre la naturaleza. Idea explícita en los estudios que hace Bernabé: fundición de metales; y, luego, en la fábrica donde se realiza dicha actividad, lugar donde precisamente se transforma la materia bruta.

22 Las palabras de don Augusto recogen, pues, un concepto clave en el proyecto reformista: crear las condiciones que lleven a la conciliación entre capital y trabajo: el capitalista cede parte de sus ganancias, el obrero depone su actitud beligerante y coopera pacíficamente con la gestión empresarial.

23 Al considerar este acto como síntesis de nuestro análisis —eminentemente negativo— sobre la contextualización en que se narra la problemática obrera, y con el objeto de mostrar una dimensión de la crítica que asume el tema vaciado de sus referentes ideológicos, vale la pena citar la opinión ponderativa de Yankas sobre *Robles, Blume y Cía*: "Por primera vez, aparece en la ficción literaria el problema obrero en su aspecto real, de voluntad justiciera y beligerancia", p. 121.

24 Las opiniones negativas de Díaz Arrieta expresadas en su artículo citado revelan una postura crítica identificada con la posición oligárquico-conservadora. Hecho que, en parte, manifiesta al referirse a este aspecto del discurso de Bernabé, cuyo contenido ofensivo lo considera ejemplo de "...una humillación (más) de la clase baja impuesta a la clase alta en la persona de Adriana, hecha querida de una especie de obrero," p. 4. Una corrección a estas palabras, lo de "querida", como hemos visto, nunca se consuma.

25 Cerrado otro círculo, el de nuestro análisis, consideramos apropiado, a modo de contraste con lo establecido en estas páginas, entregar algunos ejemplos de comentarios críticos sobre las dos obras hechos desde una perspectiva donde la especificidad histórico-ideológica de lo social no ha sido tomada en cuenta. Estas opiniones se proyectan ingenuamente en alabanzas tendientes a exaltar un discurso comprometido con las clases populares y afán de justicia y renovación social. Postura que, a nuestro juicio, refleja un grado de complicidad ideológica entre texto y crítico. Tzitsikas, por ejemplo, concluye que "*El Crisol* es una obra de crítica social, y una obra que respira un profundo patriotismo al desear mejorar la educación de las

clases trabajadoras y elevar el nivel de vida de las clases menos afortunadas," p. 166. Yankas sostiene que en la misma obra se halla "...el eco propicio a la renovación, en la línea de las afirmaciones revolucionarias y justicieras", p. 120; por otra parte, en cuanto a *Robles, Blume y Cía*, mantiene: "El triunfo personal de Bernabé Robles en su empresa industrial y la cesión de sus ahorros y de sus derechos en beneficio social —perdurable— de sus obreros, resume el tenor de esta actitud del escritor frente a su época", p. 121. Merino Reyes, al referirse al tradicional tema del joven pobre, dice que Santiván lo "...resuelve con la noble exaltación del trabajo manual y de las virtudes intrínsecas del pueblo", p. 129. Nathanael Yáñez manifiesta que Bernabé "...es un socialista a su manera, con una idea muy lógica de lo que debe ser el socialismo, procurar las evoluciones de los espíritus, instruyendo, pero no destruyendo. Educar, en una palabra, el espíritu, poco a poco, para que al fin dé sus frutos sazonados", "*Robles, Blume y Cía*, novela por Fernando Santiván", *El Diario Ilustrado* (Santiago, Chile), 16 de octubre, 1923, p. 4

Ejemplo del lugar de privilegio que gran parte de la crítica le ha asignado a *Casa Grande* es el juicio de Eugenio Orrego, quien señala que la obra ha sido "...consagrada por la opinión contemporánea como la mejor novela chilena de todos los tiempos"[1]. Aunque esta apreciación, en términos valorativos absolutos es la más comprometida, deja en constancia un reconocimiento que se hace casi extensivo a la totalidad de los análisis y comentarios críticos aparecidos sobre la obra de Orrego Luco. Como constante, su validez estética ha sido expuesta en virtud de un contenido y una perspectiva, es decir, a partir de su capacidad plasmadora de lo social para reflejar, desde una posición crítica, la decadencia de la vieja oligarquía. A ello aduce Emilio Vaisse al concluir:

> Creo que, antes de muchos años, este libro será el mejor documento histórico que tengamos sobre la vida social chilena en los años 1900-1908. Todo historiador lo tomará en cuenta y entonces se verá cuan importante es *Casa Grande* [2]..

Aunque sin la connotación de "utilidad" documental de Vaisse, Juan Armando Epple reconoce el valor plasmador de lo social, en el sentido que le hemos dado, declarando que la novela se adentra:

> ...en profundidad en la crisis del mundo oligárquico chileno de fines del siglo, buscando poner en relieve el dinamismo contradictorio de una sociedad en proceso de transformación. Esta novela, diseñada de acuerdo al modelo estético de "la novela experimental" de Zola, pudo superar los límites formales de ese principio estético y convertir el "estudio social" en una representación desinhibida y desacralizadora de la realidad[3].

Para Domingo Melfi, "...la importancia honda de la novela..."[4] radica en: "...el estudio magnífico de las costumbres y especialmente en la actitud de echar la sonda que el novelista adopta con relación a la descomposición de la aristocracia en Chile"[5].

Los estudios de Vicente Urbistondo y Cedomil Goic se desvían un tanto de esta perspectiva crítica. En el caso del primero, la obra es valorada en términos de su representatividad naturalista en la historia de la novela chilena, de esta manera, es vista como un aporte en el desarrollo de dicha tendencia literaria:

> La obra de Orrego Luco tiene el gran mérito de continuar y fortalecer enormemente la posición ganada por D'Halmar en *La Lucero*, primera obra de tendencia naturalista que marca rumbo en la literatura de Chile[6].

Por esta razón, el análisis de Urbistondo se convierte en un examen de ciertos aspectos naturalistas, especialmente aquellos asociados a los factores hereditarios como manifestaciones psicológicas individuales que determinan la conducta de los personajes. Excluye, y textualmente niega, por consiguiente, la presencia de lo social como categoría definitoria de la novela:

> La herencia es, pues, el tema dominante de *Casa Grande* y el factor decisivo de la trama, que escasa y rudimentariamente fluye en ella en su totalidad. Lo que ocurre en la novela es provocado mucho menos por las relaciones que las circunstancias sociales de los personajes les imponen, que por las características atávicas de los mismos[7].

El mejor trabajo crítico sobre *Casa Grande* es, a nuestro juicio, el de Goic. Entre otras cosas, tiene el mérito de exponer con coherencia los diferentes niveles de contenido que tienen las representaciones sociales en el contexto de la novela experimental. Correctamente capta, por ejemplo, el elemento base que organiza la problemática social. Esto lo logra a través del análisis del narrador como figura que, además de ser "...analista del temperamento..."[8], se establece con una función de "...intérprete de la sociedad aristocrática y de la vida nacional..."[9], rasgo que lo lleva a deducir:

> ... con actitud jeremíaca y apocalíptica frente al momento histórico, las ruinosas consecuencias que alcanza la mantención en el medio de antiguos rasgos de vida y de conducta, en circunstancias nuevas que se han tornado hostiles para la supervivencia social y exigen una heroica adaptación. La inadaptabilidad de esa clase aristocrática es anuncio de ruina y decadencia que apunta el narrador[10].

Goic, sin embargo, en el momento de enjuiciar el valor de la obra, cae en una perspectiva algo contradictoria. Haciendo eco a su formación estructuralista, considera que la manera:

> ... de plasmar la estructura del mundo, confiere a la novela formas de una novela de época   , esto es, de una narración cuyos propósitos no son dar una verdad humana, vá lida para cualquier tiempo y lugar, sino mostrar una parte de la sociedad contemporánea y enseñarla principalmente en su particular modo de transición o decadencia. Todo se hace en ella particular, relativo e histórico. La dependencia de la novela en una poca determinada naturalmente la degrada[11].

Esta oposición entre las limitaciones de la obra ("novela de época..."), en tanto se particulariza en un período histórico, y la "virtud" de lo universal carente en ella, lo conduce a establecer una polémica con la crítica, al postular que es precisamente este rasgo —su carácter documental— lo que ha sido destacado como esencial:

> La vinculación servil de la obra a un período o época histórica determinada ha falseado largamente los criterios de la crítica literaria y sus efectos pueden percibirse todavía. La exactitud de los detalles contemporáneos llegó a ser más importante que la plenitud o el vigor y la exactitud de la imaginación. Particularmente, el naturalismo hizo enorgullecerse al novelista del esfuerzo gastado en documentar sus asuntos, como si las manifestaciones de la imaginación fueran, en comparación, frívolas y fáciles y no exigieran energía alguna[12].

Siguiendo con este planteamiento, a modo de síntesis, concluye:

> Los datos históricos han sido evaluados por encima de la estructura y los valores literarios intrínsecos y, en el caso de la novela al menos, dejaron ocultas cualidades que habrían permitido un conocimiento cabal de la obra[13].

Luego, agrega una idea sorprendente por la contradicción implícita que encierra respecto a la limitación que antes señalara al definir a *Casa Grande* como una "novela de época". Ahora, Goic~, implica que la obra es más que "una novela de época   ," siendo la crítica la que le ha dado este carácter: "Si las cosas fueran como la crítica las mostró durante sesenta años, *Casa Grande* no sería más que una novela de época "[14].

La única explicación posible que podemos encontrar a estos juicios es que Goic quiso, por un lado, hacer prevalecer su estudio como un aporte que rompe con la crítica anterior —en efecto, así lo da a entender— y, por otro, mantener su valoración negativa de la novela que le imponen sus preferencias estéticas. Este hecho conduce a otro punto polémico. Las virtudes que él pretende poner en evidencia, o sea, las cualidades que los otros críticos "dejaron ocultas", no surgen en ningún momento del análisis, si ellas las entendemos en base a los criterios estéticos de Goic, dejados de manifiesto en sus comentarios anteriores donde la "imaginación" y "universalidad" —suponemos— son virtudes estéticas que harían posible ver a *Casa Grande* como un texto literario superior a una mera "novela de época".

Fuera de estas objeciones, consideramos que su crítica debe situarse en plano superior a lo que se había dicho sobre la novela con anterioridad a él. Mérito, que, sin embargo, no yace en la superioridad de un análisis revelador de los "valores intrínsecos" —como él pretende mantener— sino en el grado de coherencia con que comenta la representación de lo social en el marco de la novela naturalista. De modo que, este tipo de narración, es más que una mera expresión literaria formal, se constituye en una categoría ideológica portadora de una particular visión de mundo articulada en la "verdad cientificista" del atavismo racial:

> La representación de la decadencia de la aristocracia nacional, entre 1900 y 1907, como resultado de atavismos raciales que arrastran un cúmulo de vicios y deformaciones sociales, educativas, económicas y religiosas se interpretan como rémora de una infancia teológica y metafísica, vinculada a la supervivencia del espíritu de la Colonia en la sociedad moderna[15].

Goic sintetiza con acierto el carácter cientifista de la novela como elemento ordenador del mundo, como conocimiento "auténtico" capaz de penetrar en "...la condición feroz que posee la lucha por la vida..."[16]:

> Lo que marcha con la razón experimental, con las leyes de la naturaleza es ponderado como lo real y verdadero. Todo el mundo se ordena en el proceso de revelar esta verdad, este conocimiento que en el mundo defectuoso permanecía oculto bajo un velo de apariencia engañosa o de ignorancia. En este conocimiento se penetra en la condición feroz que posee la lucha por la vida; en la necesidad de armarse convenientemente para la supervivencia en

la sangrienta lucha; en la necesidad de enfrentarse a la historia, la sociedad y el hombre...(p. 96).

En base a estos juicios, concluye, por consiguiente, que en *Casa Grande*: "... se perfila una función ideológica, tendiente a edificar la conciencia social y conformarla en vistas del progreso, porque, una vez más, éste   es concebido como un crecimiento de la racionalidad del mundo"[17]. "Progreso", "racionalidad del mundo" y "conciencia social edificante" son categorías que él comprende como conformación valórica desde donde se analiza la decadencia de la aristocracia.

En cierto modo, concordamos con la posición de Goic frente a la crítica, pero esto último lo asumimos desde una perspectiva distinta, ya en parte aludida al referirnos a las obras de Edwards Bello y Santiván. Es cierto que la tradición crítica anterior tiende a valorar la novela en cuanto a su contenido documental de época, revelando un enfoque de corte historicista. De esto, quizás, se podría inferir una ingenuidad teórica para enfrentar el texto. No obstante, ello no es del todo suficiente para ubicar a esta tendencia crítica en este caso específico. Tampoco estamos totalmente de acuerdo con Goic, ya que no se trata de un mero problema de postura estética que concibe la obra literaria como producto servil de la sociedad (versus las preferencias estéticas antes señaladas de este autor) porque esta caracterización deja de lado un aspecto importante en la relación crítico y texto: el juicio de valor. En *Casa Grande* —así como las otras novelas analizadas— se observa una constante general: toda ellas son enjuiciadas positivamente en función de su "progresismo" o, parafraseando a Goic, de su rasgo de "conciencia social edificante"[18]. En otras palabras, la relación que el agente crítico establece con el texto literario se construye en una instancia de identidad ideológica, haciendo suya la "verdad" contenida en él y resaltando aquellos aspectos que lo validan como tal.

Goic, por otra parte, rompe con esta relación. Establece un distanciamiento saludable que le permite enfrentarse a la novela con consideraciones críticas negativas. Si bien es cierto, él   analiza de manera coherente aspectos de la novela naturalista integrados a una visión social de mundo, el conjunto de sus conclusiones no revelan lo específico de lo que él mismo denomina "función ideológica", "progresismo", "carácter social edificante", "tendencia activista" como categorías definitorias de la obra. Todas estas categorías, por tanto, aparecen expuestas a un nivel abstracto, descontextualizadas del ámbito social concreto que las genera como representaciones literarias. Dicho de otro modo, tal como son expresadas, podrían aplicarse en el tiempo a toda una tradición de la historia literaria. Desde *El Quijote* hacia adelante, para dar un ejemplo. Especialmente, si se considera que en la novela de Cervantes, desde la posición que asume frente a la aristocracia feudal, se le puede fácilmente definir utilizando las mismas categorías de este crítico. No polemizamos con estas categorías, más aún las consideramos correctas. Pero, ello sólo desde la perspectiva que encierra el texto mismo, es decir, de un discurso valorado por lo que afirma y cómo lo afirma. No por lo que es en cuanto a discurso ideológico que nace como respuesta a una situación histórica concreta, en este sentido, socialmente "interesado" y comprometido.

¿Cuál es el referente histórico-ideológico en que se narra la decadencia de la oligarquía? Por lo que han dicho los que han estudiado la novela, ello podría ubicarse como visión crítica hacia formas de vida en el marco de los aspectos degradantes que trae consigo la economía del dinero. Incluso, en la medida en que esta visión aparece en varios momentos del relato contrastada a un pasado virtuoso, podría hasta postularse una perspectiva conservadora donde el progreso es resultante de la destrucción de los valores tradicionales de una sociedad. Hay aún otra posibilidad interpretativa que contemplaría la existencia de una conciencia religiosa, ya que la crítica tiene como fundamento, en forma, la desvalorización de lo "mundano", lo cual aparece incorporado en la oposición "apariencia" vs. "realidad". De modo que, con esto último, se puede hablar de la presencia de un anti *Carpe Diem*, tal como se utiliza en la literatura barroca española para hacer prevalecer los "valores eternos" de la "vida trascendente". Nada de esto, a nuestro juicio, explica la perspectiva ideológica de la novela.

La inclusión de *Casa Grande* en este estudio podría justificarse sólo por la presencia del estrato oligárquico como sujeto novelesco y la postura crítica que se asume frente a éste . Ello sería suficiente para establecer un punto de contacto general con respecto a las otras obras analizadas. Este rasgo en la novela, desde una perspectiva puramente empírica, es un hecho evidente sobre el cual la crítica ya se ha manifestado con bastante claridad. Nuestro interés en *Casa Grande*, en consecuencia, no debe centrarse en este aspecto, sino en la dimensión que la crítica deja de lado: la raíz ideológica de su discurso crítico-social y, en este mismo contexto, su proyección como obra "edificante". En este sentido, nuestro enfoque busca situarla en el mismo medio de homogeneidad ideológica en que fueron analizados los otros relatos. La utilización del término homogeneidad, en este caso específico, no desconoce la existencia de lo diverso y, de hecho, en alguna medida, al referirnos a la novela de Edwards Bello y las de Santiván, hemos señalado ciertos elementos contrastivos. Sin embargo, los planteamientos que justifican la existencia de este estudio necesariamente obligan a ver los textos como reproducciones homogéneas, puesto que en esto radica la posibilidad de contribuir a una perspectiva de análisis antes no abordada.

La controversia que produjo la publicación de *Casa Grande* en 1908[19], motivó a Orrego Luco a escribir una defensa de su novela. En dicho texto, además de refutar la acusación principal que se le hacía de haber tomado personajes de la vida real, expone su visión crítica de la aristocracia chilena y, también, señala algunas consideraciones de índole estética, entre las cuales debemos destacar una en particular por las posiblidades que entrega para enfrentar el análisis de *Casa Grande*:

> La sociedad se va modificando y mejorando lentamente a través de toda especie de sacudidas y de conmociones; evoluciona sin cesar, herida pero no cansada, "hacia una forma social en que haya mayor felicidad y más justicia." Como expresa Tosltoi, el objeto de la obra de arte consiste en ayudar a los hombres a formarse una conciencia más clara de esas tendencias que existen dentro de ellos de manera confusa, desprendiendo tales aspiraciones en cuanto las vela y oscurece. Da vuelo a nuestros sueños de realizar un ideal supremo, tomando como punto de partida la verdad actual para empujarnos a un estado superior[20].

Esta afirmación, elaborada en el contexto de la novela, tanto desde el punto de vista de la obra de arte como de la sociedad, expresamente revela una visión orgánica a la ideología reformista. Explícita, por ejemplo, es la función reformadora que se le asigna al texto literario, el optimismo en el mejoramiento de la sociedad sometida a un continuo proceso evolutivo y la creencia que el conocimiento de la "verdad actual" puede llevar a "un estado superior". En este pensamiento-síntesis —porque sin duda así lo es— Orrego Luco introduce una noción, propia del positivismo, que los procesos sociales evolucionan en medio de "sacudidas y remezones". En *Casa Grande* esta idea se contextualiza en el período de crisis que vive la sociedad chilena de esos años, lo cual, visto desde la óptica del reformismo, aparece como un fenómeno transitivo de desequilibrio ("conmoción") creado por el mismo estado evolutivo en que se encuentra el país. Es esta crisis, sus rasgos y causas, la que el autor busca reproducir tomando como sujeto novelesco la vieja oligarquía. En un mundo afectado por la casualidad evolutiva, este sector social y su realidad axiológica han llegado a resultar inadecuados para enfrentar el desafío del "progreso". El anacronismo de la oligarquía —en otro momento lo hemos catalogado como "retrogradación"— está proyectado, al igual que los otros relatos analizados, en términos de enfrentamiento con una visión de mundo subyacente donde el progreso (la evolución) resulta homología del sistema valórico burgués[21]. Así, por ejemplo, lo mismo que en las dos obras de Santiván, el concepto de la lucha por la vida y la valoración del trabajo en cuanto actividad privada aparecen como elementos positivos antinómicos al reino de la aristocracia.

Si bien es cierto *El Roto, El crisol, Robles , Blume y Cía* y *Casa Grande* las hemos postulado como obras insertas en un discurso histórico-ideológico relativamente homogéneo, en lo que respecta a esta última hay que destacar algunos elementos diferenciadores. En los tres primeros realtos, la oligarquía aparece proyectada en un mundo narrativo ingenuo en función de una representatividad maniquea que la expone como responsable del tensionamiento social, hecho que se verifica en el efecto nefasto que su acción genera entre los sectores populares y en el enfrentamiento con las fuerzas posititivas de los reformadores. Así, los mismos personajes devienen parcialidades esquemáticas, caricaturas restringidas a reflejar tal o cual dimensión en la problemática social: el senador Pantaleón Madroño, los jóvenes envilecidos que frecuentan los barrios de los prostíbulos, en la novela de Edwards Bello; Juana María Urquízar, el cura Alamiro, el ministro Becerra, el pintor Rosas, en las dos obras de Santiván. Este tipo de representación determina, por lo menos en parte, la naturaleza abiertamente tésica y la constitución casi demagógica de estos tres.

En el caso de *Casa Grande*, este esquematismo narrativo resulta más aplacado. Fuera de los elementos que podrían estar asociados al talento artístico y al hecho de que Orrego Luco conoció muy de cerca la aristocracia santiaguina, ello podría responder a la postura radicalmente naturalista con que se organiza el mundo narrativo. Esto, por ejemplo, resulta evidente en el narrador cuya personalidad siempre busca mantenerse dentro de los marcos de "objetividad" que se plantea esta corriente literaria. El mundo novelesco, parafraseando a Goic, entonces se construye en base al conocimiento científico (verdad) contenido en la omnisciencia del narrador. Esto hace que, a diferencia de las obras anteriormente estudiadas, no se observe ese rasgo demagógico presente en las otras. La óptica, por tanto, aunque crítica no es denunciativa, sino más bien expositora de la decadencia de una clase, fijándose minuciosamente, desde la perspectiva cientifista, en los rasgos y causas que la han generado.

La idea original de incluir *Casa Grande* en este estudio fue concebida después de leer *Nuestra inferioridad económica* de Antonio Encina, cuya actividad en el campo de la historia y el ensayo de corte sociológico lo ubican como a una de las figuras intelectuales más representativas de la épocaa. Desde su formación positivista, Encina, en este libro de ensayo aborda el tema de la crisis de la sociedad chilena de esos años, buscando causas y proponiendo soluciones. En este contexto, dedica varios capítulos a analizar el estado de decadencia que se manifiesta al interior del núcleo oligárquico.

Al libro de Encina lo consideramos fundamental para comprender el pensamiento teórico-social en que se construye la visión de decadencia sobre la vieja aristocracia. En este sentido, también, debemos agregar que la validez para nuestro análisis de este texto no es una mera fuente comparativa de aspectos semejantes, en realidad representa una base de pensamiento que no deja de sorprender por el grado de homogeneidad que revela con respecto al texto literario.

Debemos advertir que, en la medida que nuestro enfoque postula a la obra en sus aspectos histórico-ideológicos, no existe el prejuicio de recurrir a aquellos intelectuales que en otro momento se les ha identificado como representativos o sintetizadores del pensamiento teórico de una época, sea éste social, político o filosófico. Encina, sin duda, es uno de ellos, junto a Valentín Letelier, Alberto Venegas, Tancredo Pinochet, Alberto Cabero, Bello Codesillo, y hasta el mismo Alessandri. Esto, por otra parte, ha sido una constante metodológica que se ha utilizado. Por estas razones, asimismo, la diferencia cronológica de publicación entre *Casa Grande* (1908) y *Nuestra inferioridad económica* (1911) es un dato que no contemplamos en el sentido de influencias personales directas, sino como formas homogéneas epocales de pensamiento.

Así como gran parte de los intelectuales identificados con la cuestión social, Encina observa la crisis del período en términos de sus manifestaciones psico-morales. Hecho que fundamenta, a pesar de que el libro pretende ser expositor de una situación que se da en toda la sociedad, exclusivamente fijándose en lo que ocurre en lo que el denomina las "capas superiores" de la sociedad. Esto lo realiza porque parte de un principio básico que él justifica con el siguiente comentario:

> En el estudio de la psicología de un pueblo hay que detenerse mucho en las capas superiores. Son ellas las que dominan sin contrapeso el presente; son ellas las que moldean, en gran parte, el futuro....[22]

Esta idea surge de la noción de que las capas superiores actúan como agentes civilizadores en los pueblos, de lo cual se desprende una función rectora de los rasgos morales que caracterizan a una sociedad. Por ello, en momentos de regresión moral, afectan también a los estratos inferiores.

El libro de Encina comienza con un dato significativo: "Nuestro desarrollo económico viene manifestando de los últimos años síntomas que caracterizan un verdadero estado patológico"[23]. El inicio de este "estado patológico" —para este autor— se hace perceptible con el advenimiento de la explotación salitrera, fenómeno económico que, a la vez de considerarlo como uno de los grandes factores en el proceso evolutivo, es causa principal de la crisis moral que se origina en el país. Es un factor evolutivo fundamental porque señala la entrada hacia el establecimiento de la sociedad industrial. Pero actúa como forma desquiciadora de la moral, porque los individuos no están preparados para asumir el desafío que impone dicha sociedad. Este esquema básico en la teoría social de Encina, lleva a un concepto fundamental para nuestro análisis: la moralidad de un pueblo está determinado por un conjunto de valores o hábitos que un grupo social tiene en relación a la actividad económica, sobre lo cual se expresa de manera inequívoca:

> Hablo de la moral en la verdadera acepción de la palabra, de la moralidad dentro de la cual caben la disciplina, la exactitud, y en general, la observancia de los hábitos y métodos seguidos en la actividad comercial[24].

A lo largo de todo el libro, resulta evidente, entonces, que lo "patológico" tiene como referente categorías morales negativas vinculadas a la producción, o sea, rasgos negadores de las virtudes —del individuo productivo, industrioso— que Encina acaba de exponer como son, por ejemplo, la ostentación, el lujo, el derroche, el culto al ocio, la impuntualidad.

En el pensamiento de Encina, la evolución normal de una sociedad requiere que los individuos consuman de acuerdo a lo que producen. El estado de moralidad de un pueblo depende de este equilibrio, cuando se rompe se originan las desviaciones, especialmente en períodos de riqueza que no llevan consigo un desarrollo de la capacidad productiva. Por ello, al referirse a la época anterior al salitre, aunque la economía es modesta, la percibe como virtuosa porque:

> A pesar de la pobreza franciscana del erario público y de la modestia de la fortuna privada, hay relativa holgura particular, existe equilibrio entre la producción y los consumos; entre el deseo y los medios de satisfacerlos[25].

El desequilibrio entre consumo y producción, entendido en el ámbito de sus efectos en la moral, tiene para él dos causas fundamentales. Por un lado, es el resultado de la herencia dejada por la raza española, la cual es trasmisora de los rasgos negativos antes señalados que se definen en una mentalidad poco apta para la vida industrial. Por otra parte, reflejo de esta misma incapacidad, está el hecho del dominio extranjero sobre la actividad económica del país. A partir de esta interpretación, sea dicho de paso, elabora una postura nacionalista expresa en todo el libro.

138

Encina observa que Chile, comparado con otros países hispanoamericanos, es una nación que reúne cualidades superiores. Al respecto, se refiere al progreso y estabilidad de la etapa anterior como muestra de la existencia de un espíritu de empresa, lo cual ocurre en medio de la anarquía que reina en los otros países del continente. Sin embargo, de manera no del todo clara, él relativiza estas cualidades dentro de las limitaciones que impone el atavismo racial. Son, pues, los rasgos negativos de la herencia españ ola los que todavía predominan en el espíritu nacional; ellos se mantienen "adormecidos" y surgen en los momentos de riqueza[26].

Al referirse al "derroche" y la "ostentación," dos rasgos caracterizadores de estas "perturbaciones morales", lo afirmado resulta más explícito:

> ...el hábito del derroche y el deseo de ostentación, son características nacionales, que adormecidas en las horas de pobreza, avivadas en la prosperidad, pero jamás extinguidas, han llegado a través de las vicisitudes de nuestro desarrollo, desde los albores de la colonia hasta nuestros propios días[27].

Otro elemento definidor de esta moralidad "anti-económica" es la creencia en la fortuna ganada de golpe, huella de la psicología del conquistador:

> Nunca oigo hablar de negocios a un chileno, sin que me recuerde por asociación de ideas el más acentuado de los rasgos de la psicología económica del conquistador: la obsesión de la fortuna de un golpe, ganada de un barretazo o en una aventura extraña[28].

Utilizando la concepción positivista de la sobrevivencia del más fuerte ("lucha por la vida," "libre competencia"), Encina explica el dominio cultural y económico del europeo no español. El chileno, por herencia, grado de evolución y educación no ha logrado asimilar en su carácter esta ley natural de la existencia humana, en cuya práctica reside el poderío y la grandeza de los pueblos. En el contacto intenso entre dos civilizaciones, la superior siempre termina absorbiendo a la inferior, si esta última no se protege. Al comparar, por ejemplo, a la juventud chilena con la inglesa, declara que la criolla carece de "la ambición intensa e ilimitada, el estímulo que mueve al hombre a consumir la existencia en una actividad devoradora"[29]. En otro lugar, manifiesta que en el pueblo chileno se nota "...la ausencia de ser grandes, la voluntad de dominar y de absorber a los elementos extraños"[30]. Para él, esta noción debe ser parte del "...instinto natural de conservación"[31]. La relación desigual que se produce en el contacto entre dos civilizaciones es otro elemento que el libro califica como perturbador de la moral en las sociedades menos avanzadas. Idea que se explica porque tanto los pueblos como los individuos tienen temperamento y carácter propios; por ello mismo, "No existen dos razas que piensen, sientan y obren exactamente igual"[32]. Con este planteamiento, en realidad, defiende el concepto de "esencia" o "espíritu nacional" que reina al interior de cada pueblo. Esto no implica rechazar los aportes de las civilizaciones superiores. Al contrario, se ven como agentes civilizadores, pero siempre que se asimilen a los rasgos propios de las sociedades que afectan. Esto, debe, además, hacerse en un proceso lento respetando el proceso evolutivo espontáneo de la sociedad[33] y que vaya a la par con una educación dirigida a desarrollar las fuerzas económicas y morales contenidas en las civilizaciones superiores. De otra manera —vuelve al concepto anteriormente discutido—, sólo se asimilan refinamientos y capacidad de consumo. Este punto constituye una de las grandes impugnaciones de la decadencia moral del momento:

> Como ha ocurrido siempre que un pueblo inferior se ha puesto en contacto intenso con otros más desarrollados, asimilamos los refinamientos y la capacidad de consumo propios de las civilizaciones superiores, sin ninguna de las grandes fuerzas económicas y morales que constituyen su nervio. Aprendimos a asearnos, a vestirnos elegantemente, a vivir con comodidad, a oir música, a apreciar las bellezas de la escultura y de la pintura, a leer versos y a presenciar representaciones teatrales; pero no adquirimos al propio tiempo, el sentido práctico, la aplicación regular y constante, la exactitud, la capacidad para la asociación, la honradez en sus variadas formas y la competencia técnica, en la medida que permiten al europeo desarrollar una eficiencia económica en armonía con las necesidades creadas por el refinamiento[34].

En lo que podría interpretarse como efecto psicológico colectivo de la influencia extranjera bajo las condiciones descritas, al no poder ésta suplir "...el vacío que dejó el derrumbamiento de la moral tradicional..."[35], se crean momentos de anarquía mental, confusión, mezcla abigarrada de sentimientos (en verdad, patología social):

> De aquí que, al infiltrarse por sugestión las ideas, sentimientos e instituciones francesas, alemanas, inglesas, etc., se formara en nuestra mentalidad una mezcla abigarrada y contradictoria en que todo choca y se hace fuego, determinando una verdadera interferencia moral...[36].

No es difícil concluir, en base a lo expuesto, que la crisis moral, tal como la ve Encina, encierra una crítica a la sociedad chilena a partir del vínculo que el individuo tiene con la producción y el trabajo. En su conjunto, es una crisis que es un reflejo de la ausencia de una racionalidad económica basada en el espíritu de empresa y sus manifestaciones valóricas. Es en síntesis, la moralidad del *homo economicus* la que surge en el centro de su discurso. Ello se constituye en sinónimo de progreso. Desde el punto de vista ideológico, y considerando el análisis y punto de vista elaborado en el primer capítulo, el pensamiento de Encina es orgánico a una intelectualidad cuya tarea fundamental se convirtió, a nivel de valores, en propagación de las virtudes de la sociedad burguesa.

Al igual que en el libro de Encina, en *Casa Grande* la decadencia de la oligarquía es vista como manifestación de un fenómeno de desequilibrio que se produce cuando las sociedades pasan por períodos de cambio, lo cual, considerando la racionalidad cientifista del relato, ello equivale a un estado de patología social. A partir de esta visión constitutiva del mundo se juzgan las causas y rasgos que determinan la "enfermedad" de ese cuerpo social.

Aunque la acción novelesca se contemporiza en los años 1900-1907, el relato da cuenta de un espacio temporal mucho más amplio en el que se hace referencia a diversos momentos históricos del pasado tanto en relación a los personajes como a la sociedad misma. Estos datos históricos aparecen siempre como formas de conocimiento proyectadas en la comprensión del pasado con una funcionalidad bien precisa. Constatar, por un lado, que la sociedad vive un período transitivo que testimonia de un presente inestable frente a un pasado estable. Por otra parte, en ello se encuentra la respuesta a una visión donde el presente es visto como heredero del pasado en un sentido específico: la causalidad de la herencia. La síntesis de esta idea se expresa en un momento clave del relato donde el narrador identifica la causa que determina el desequilibrio social, noción que él   hace sinónimo de "espíritu de inquietud", de "inestabilidad nerviosa":

> Esta sociedad, respetuosa de tradiciones, se ha visto desbordada de repente, por la improvisación de fortunas en salitre y minería, mientras, ella, en parte, se empobrecía con especulaciones de Bolsa desgraciadas. Ha nacido de aquí el espíritu de inquietud, de inestabilidad nerviosa, de conmoción general, en el cual reaccionan a veces fuertemente los atavismos de raza[37].

Es, pues, el trasfondo histórico de la riqueza producida por la economía minera, especialmente la del salitre, el elemento que se percibe como perturbador de la sociabilidad. Domingo Melfi, comentando este aspecto dentro de la perspectiva de la novela, ofrece unos juicios caracterizadores del efecto que este fenómeno económico produjo en la sociedad chilena. Según él, a partir de ese momento:

> Aparecieron nuevas formas de vida, se erigió en sistema la ostentación y el placer; las grandes fortunas debían alimentar la insaciable codicia de hombres y mujeres que no pensaban otra cosa que gozar de todo cuanto la existencia les ofrecía de inesperado y sorpresivo[38].

Esta acción perturbadora, continúa el mismo autor, no sólo   se involucra a los hábitos de vida, sino también como fuerza destructora de la espiritualidad:

> Todo sentimiento espiritual cayó vencido y triturado entre los dientes de esta obsesión frenética de poseer dinero a toda costa y a cualquier precio. Las tradiciones más respetables dieron paso a los arribismos más insolentes[39].

En el marco del espacio oligárquico, las palabras de Melfi resumen con exactitud la visión de decadencia que Orrego Luco proyecta sobre este sector social. La totalidad del mundo novelesco está dispuesto para dar cuenta de ello. Ostentación, lujo, despilfarro, banalidad, ocio, sibaritismo son algunos de los rasgos sobresalientes que en el denso relato surgen como testimonio de este proceso de decadencia.

Esta forma de vida que adquiere la oligarquía es revelada como expresión de un pasado cuyos orígenes se remontan a los hombres que hicieron la conquista. Ello no quiere decir que sean rasgos que hayan estado siempre presentes, sino que —volviendo a lo manifestado por el narrador en cita anterior— son características latentes que surgen en momentos de "conmoción". La conducta y el mundo valórico de los personajes se enjuician en función de esta causalidad hereditaria. Hecho que, por ejemplo, el narrador precisa como dato histórico fundamental en el siguiente comentario, donde, también, la oligarquía es reconocida como grupo gobernante:

> La sociedad chilena se compone de oligarquía mezclada con plutocracia, en la cual gobiernan unas cuantas familias de antiguo abolengo unidas a otras de gran fortuna, transmitiéndose, de padres a hijos, junto con las haciendas, el espíritu de los antiguos encomenderos o señores de horca y cuchillo que dominaron el país durante la conquista y la colonia como señores soberanos(p. 114).

En Angel Heredia y Gabriela Sandoval se novelan los diferentes aspectos antes señalados que estructuran la visión de mundo. Los dos personajes se constituyen en el *case study*. La conflictividad de su matrimonio y las consecuencias trágicas que asumen son analizadas como síntomas patológicos de los "males" que afectan a la sociedad. Casi todos los otros personajes aristocráticos son circundantes, o tangenciales, a la historia del matrimonio. Por tanto, sólo están dispuestos en diferentes espacios destinados a mostrar los rasgos caracterizadores de su existir "mundano": fiestas, comidas, de vacaciones en una hacienda, el club, la Bolsa de Valores, etc.. Así como Angel y Gabriela, la mayoría de ellos son jóvenes, lo cual sirve para poner en el relato la perspectiva generacional, indicadora, por una parte, de un mundo en transición y, por otro, como contrapunto a ciertos valores tradicionales de una época anterior.

Angel es sin duda el personaje fundamental en *Casa Grande*. Hijo de una familia "ilustre" cuyos orígenes se remontan a la conquista, en los rasgos de su personalidad se conjuga la psicología de su grupo social. Por lo tanto, su existencia y sus acciones aparecen delimitadas en el marco de esta representatividad:

> Era uno de los tipos más genuinos de un estado social
> enteramente chileno, hijo de su época y de su medio,
> heredero de preocupaciones y modo de ser de una familia en
> la cual, como en otras muchas, aún se conserva casi intacto y
> palpitante el alma de la Colonia, sus preocupaciones
> aristocráticas, su estiramiento, su espíritu derrochador y
> orgullo, su antipatía por el esfuerzo continuado y modesto
> del trabajo rudo (p. 133).

En su temperamento inestable se manifiesta una contradictoria mezcla de sentimientos exacerbados que se exteriorizan en él: "... sibaritismo refinado de un temperamento sexual y violento a la vez, de hombre de fuerza y de placeres, de vividor impulsivo y enérgico" (p. 133). Por otra parte, sin embargo, como elemento disonante, está su enfermizo misticismo:

> En el alma de Angel existía, también, por un rasgo de
> atavismo, su veta mística, exaltaciones religiosas de ensueño
> que le sobrecogían de repente, luchando con sus tendencias
> sensuales, venciéndolas, o cambiándose con ellas en un
> estado nervioso de sensibilidad suma... (p. 133).

En la detallada descripción que se hace de los antepasados de Angel, entre quienes sólo había "...dignatarios, oidores, capitanes generales, soldados, hombres de guerra, agricultores ricos..." (p. 131), se busca dar respuesta a los rasgos que forman su personalidad. En estos hombres, el narrador encuentra un elemento esencial que caracteriza de la siguiente manera: "instinto de acción", "temperamento sanguíneo, carácter resuelto y violento..." (p. 131). Es, en realidad, el espíritu de la conquista que Orrego Luco quiere expresar con esta descripción: aventura, audacia, fuerza física, valores guerreros. Es el espíritu de la pura "exterioridad," del hombre-acción. De este elemento esencial también en la obra se explica el orgullo, el carácter despótico[40], el anti-intelectualismo, el desprecio por la fortuna que produce el trabajo sistemático. Angel reúne todos estos rasgos y son los que determinan su tragedia personal.

Llevando al hombre de acción como rémora del pasado, Angel en un presente "monótono", canaliza dicha energía a través de la actividad física:

> Angel era el producto de esas generaciones; conservaba el
> espíritu de acción de su antigua línea de viejos soldados, y no

pudiendo hallarle empleo en nuestra vida monótona y sin
guerras como las de antaño, pues era demasiado niño al
estallar la del Pacífico, buscaba expansiones en el *sport*, las
cacerías de guanacos en la cordillera y ejercicios físicos
violentos con los cuales no lograba satisfacer las necesidades
de su temperamento sanguíneo (p. 133).

Esta tipología de naturaleza sanguínea, insatisfecha
todavía a pesar de los rigores físicos a que se somete, tiene
otra manifestación: un erotismo desmedido, el cual se
afirma en un comentario que sigue a la cita anterior,
cuando el narrador puntualiza que el personaje, además de
lo antes declarado, era:

> ...al mismo tiempo, sensual, hombre de exigencias físicas
> irresistibles casi en ciertos momentos, para quien la vida
> guarda embriagueces misteriosas y ardientes —no razonadas
> ni medidas—, era de esos hombres en quienes el deseo
> reviste forma aguda, casi dolorosa (p. 133).

El conflicto matrimonial se contextualiza, en parte, en
las diferencias de temperamento entre Angel y Gabriela.
Esto podría aparecer como contradictorio si se considera
que a ambos personajes los hemos postulado como
estructuradores de la visión de decadencia de la oligarquía.
Es decir, frente a lo afirmado, lo lógico sería que la mujer
compartiera la misma psicología del hombre. Pero, como se
dijo, lo diferenciador existente en ellos es parcial y tiene un
fundamento que no niega nuestra interpretación. En
primera lugar, hay que señalar un hecho obvio: los rasgos
de Angel, en cuanto revelan el espíritu de la conquista,
tienen como referencia una categoría psicológica
enteramente masculina; es la historia vista y hecha por los
hombres lo que subyace en este concepto.

No es de extrañar, entonces, que la misma necesidad
formal de recurrir a un conflicto que exponga este
temperamento atávico de Angel como expresión degradada
en el presente, convierta a Gabriela en imagen tradicional
de la moral femenina; púdica, sentimental, "...de alma
pura, cumplidora de los deberes, preocupada
constantemente de sus hijos..." (p. 299). Esto, además , sirve
como elemento contrastivo a las reiteradas alusiones que se
hacen sobre la mujer cuya moralidad se sitúa en el
ambiente total de decadencia que domina a la sociedad:
casi todas ellas aparecen envueltas en la banalidad del
chisme y afirmando modos de conducta que anuncian la

desintegración de la fidelidad matrimonial. Incluso, en el detallismo descriptivo de la novela, se documentan hábitos —en realidad vicios desde la perspectiva del relato— que asumen las mujeres, como son, por ejemplo, el del cigarrillo y los juegos de azar. A esta moralidad cambiante, se refiere don Leonidas, el padre de Gabriela, cuando exclama:

> ¡Y pensar que no ha existido en el mundo sociedad más seria que ésta, ni donde las mujeres fuesen más virtuosas ni los hombres fuesen más honorables! El mundo se está corrompiendo (p. 121).

Gabriela, pues, en medio de esta corrupción, resulta en cierta medida virtuosa.

La sensualidad de Angel, vista no olvidemos como expresión actual de su vínculo con el espíritu del conquistador, es el primer elemento que va a generar la desaveniencia en el matrimonio. La mujer púdica y apacible, que daba "...a su amor el tinte de igualdad y monotonía de lago perpetuamente en calma..." (p. 140), no podía satisfacer la naturaleza cargada de apetitos del marido. Es esta disonancia la que el narrador constata como diferencia "irreductible".

Este rasgo en la personalidad del marido tiene connotaciones deformantes. Refleja un estado obsesivo que incluso se revela en los objetos de arte con que adorna su estudio: estatuas, grabados y pinturas de imágenes voluptuosas. Una vez que la "incomunicación" se produce en el matrimonio, hay sugerencias de que visita prostitutas. Al punto de la ruina económica, y todavía pretendiendo mantener el mismo nivel de vida extravagante, el narrador señala de modo sugerente que entre sus gastos se encontraban "...unos *items* muy fuertes relativos a sus vicios" (p. 214).

El erotismo de Angel, sin embargo, hay que entenderlo de manera más amplia, como expresión de una forma de vida que existe a partir de los sentidos, del goce y los placeres; en otras palabras, como bien lo apunta el narrador en cita anterior, revelan al "sibarita", al hombre que desprecia "el esfuerzo continuado y modesto del trabajo rudo". Cualidad humana, esta última, que por tanto se revela como antítesis a la conducta del personaje; en la inexistencia de ello, en cuanto a valor social, descansa la condena de Orrego Luco a la aristocracia. La manifestación de esta forma de vida, al igual que Encina, está vista como vínculo "latente" con un pasado atávico que se remonta a la colonia. El término "latente" (para Encina, "dormido") es importante porque da cuenta de un fenómeno virtual que no necesariamente siempre está en presente, lo cual, como veremos más adelante, es un concepto que puede ligarse a la existencia de un pasado distinto, virtuoso si se quiere. Por esta razón, también, la crítica está hecha sobre la juventud, es decir, una nueva generación:

> El viejo espíritu de la colonia, todavía latente en la sociedad chilena, arroja a los jóvenes casi enteramente desarmados en las corrientes de la vida. Llevan nombre cuyo prestigio y valor aristocrático se empeña en exagerarles su propia familia, enseñándoles a considerar como denigrantes casi todas las formas de la actividad humana, en el comercio y en el trabajo... (p. 144).

¿Qué se entiende cuando se dice que los jóvenes son "arrojados desarmados en las corrientes de la vida"? Sin duda, es una referencia a la concepción positivista de la vida: lucha, competencia, sobrevivencia del más fuerte. En parte por educación, en parte por lazos hereditarios, es el concepto base explicativo del estado de decadencia. En la perspectiva de la vida de Angel, el narrador enjuicia así a esta juventud: "Los padres no se habían ocupado de darles educación práctica, adaptada a la lucha de la vida, sino en convertirlos en caballeretes de paseo..." (p. 192)[41]. La ausencia de este valor en Angel, lo proyecta como un ser débil, irónicamente concebido en relación a su fuerza física, a su energía de hombre sanguíneo.

La conciencia religiosa del joven aristócrata, expresión de su misticismo enfermizo y rémora también del pasado[42] es otro elemento que se castiga en función de este concepto, cuya base es "científica", ya que se le concibe como ley organizadora del mundo, y, como bien señalara Goic, se ve enfrentado a la noción del libre albedrío. El viaje que Angel realiza al extranjero con la esperanza de rehacer su matrimonio quebrantado, lo hace a recomendación del sacerdote Correa, personaje tipificado con los mismos rasgos de su congénere, el padre Alamiro, en la obra de Santiván. El consejo del cura termina con una nota optimista que sintetiza su visión de mundo "acientífica":

La voluntad humana es poderosa y omnipotente para la virtud y el bien, mediante la gracia divina. Tu alma es libre... encamínala a vencer la resistencia del orgullo, y bendice al cielo que tan excesivamente pródigo de bondades se ha mostrado contigo (p. 296).

Una vez que Angel está en el barco que lo lleva a Europa, la otra voz omnipotente, la del narrador, desvirtúa la ilusoria idea del personaje:

Había partido con el propósito firme de rehacer su vida, creyendo en la omnipotencia de la voluntad, con la profunda convicción de que el espíritu, enteramente libre, hace lo que quiere, sin sujeción a fatalidades del medio, de lucha por la existencia y de selección natural... (p. 245).

En una sociedad como la chilena del período actual, que desconoce la lucha por la vida y la selección natural —en realidad dos conceptos inseparables para señalar la ley de la libre competencia en el orden burgués— base y elemento forjador de hombres productivos, la juventud tiene dos salidas: el matrimonio, para hacerse de dote, y la Bolsa, para enriquecerse de golpe. En la vida de Angel se cumplen ambas de ellas.

La gran fiebre especulativa de 1905, es el "medio" histórico inmediato en que Orrego Luco sitúa a sus personajes. Es un fenómeno entendido en el ambiente de riqueza que genera el salitre y constituye un factor desquiciador de la moral. Es la respuesta del espíritu latente de antaño: la riqueza producida por la aventura, donde todos "Querían ser ricos de golpe, sin trabajo, sin esfuerzo, sin sacrificios de ningún género" (p. 195). En este afán por la "fortuna mal ganada," se contextualiza el desequilibrio moral de la época, cuya manifestación, entre otras cosas, como ya se ha indicado, es el sensualismo:

La sociedad entera se sentía arrastrada por el vértigo del dinero, por ansiedad de ser ricos pronto, al día siguiente. Las preocupaciones sentimentales, el amor, el ensueño, el deseo, desaparecían barridos por el viento positivo y frío de la ansiedad de dinero. Las almas veían desaparecer todo sentido espiritual, barrido por hecho concreto, por apetito feroz y desenfrenado de lucro, por sensualismo desatentado para el cual desaparecía todo valor que no fuese de Bolsa (p. 197).

En el desarrollo del conflicto matrimonial, además de la disonancia sexual antes comentada, el otro elemento que perturba la relación de los esposos surge por cuestiones de dinero. Incluso se percibe como razón primera del inicio de la destrucción de la armonía en el hogar:

> Gabriela había sido una de las mujeres más elegantes, de soltera; ahora de casada su lujo era necesariamente mayor y el rango de la casa más costoso. Las primeras pruebas que habían sacudido ese hogar, donde la felicidad hacía promesas eternas fueron cuestiones emanadas del dinero (p. 198).

Hasta ese momento, a pesar de las diferencias íntimas y de "...continuos roces..." (154) que eran sedimentos de sus caracteres distintos, la pareja vive en la paz del matrimonio convencional: nacen los hijos y Gabriela parece aceptar su rol femenino de mujer que trata de complacer al marido. Situación que termina al revelarse que la dote de Gabriela disminuye, haciéndose difícil mantener los lujos que les imponía su rango social. El relato, ahora, se concentra en la mujer para revelar en ella una actitud frente al dinero que proviene de una educación enraizada en su cuna aristocrática. De manera que, todo lo que es economía y racionalidad en los gastos, a ella "...le parecía ordinario y plebeyo..." (p. 198).

En el primer enfrentamiento que los esposos tienen sobre este tema, se localiza el comienzo definitivo del desengaño amoroso de Gabriela:

> Le veía bajar de su pedestal de enamorado atento y cumplido de antes, para convertirse en vulgar y prosaico pescador de dotes, preocupado por cuestiones de tanto por ciento y de dinero...¡Aj! ...sentía asco, náuseas íntimas de disimular, irritación de su ser que se traducía en movimiento de repulsión física (p. 199).

También a partir de esto se explica el cambio de ella. De mujer apacible, sentimental y buena se transforma en un personaje lleno de odio hacia el esposo, hecho que el mismo Angel constata al observar: "...ráfagas de odio en aquellos ojos que viera lánguidos y cargados de amor, ahora duros y punzantes" (p. 199). Angel, cuyo pasado familiar "...impedíanle seguir ciertos ramos lucrativos del comercio" (p. 193), tiene como única salida, "...con el empuje de los desesperados..." (p. 200), la Bolsa; actividad que destruye toda noción moral en él.

Ya hacia el final del relato, después que Angel queda prácticamente arruinado a consecuencia de sus pérdidas en la Bolsa, el tema del dinero se desarrolla en un diálogo que lleva al matrimonio a su momento de mayor tensión. Angel la culpa de ser causante de la situación familiar debido a su "...lujo insensato" (p. 326). Gabriela reacciona violentamente expresándole: "Me como lo mío ¿entiendes?, lo mío... y no tengo que darle cuenta a nadie..." (p. 327). Luego, en agria recriminación le dice: "¿Y por qué no trabajas? ¿quieres decirme? En algo que nos dé lo necesario" (p. 328). Para, después, agregar con hiriente ironía: "¡Ah!... antes me decían que eras millonario... ahora, acaban de contarle a mi mamá que te encuentras arruinado... ¡y mi herencia, dónde está?..." (p. 328)[43].

Humillado y con profunda vergüenza —porque se da cuenta que las acusaciones son ciertas— Angel cae en un estado de "...desesperación creciente" (p. 328) unido a un intenso sentimiento de odio dirigido en contra de ella. Significativamente, el asesinato de Gabriela tiene una relación directa con el odio que él experimenta en esta escena. Es cierto que la idea de matar a su mujer ya había aparecido antes, en dos o tres ocasiones, después de conocer a Nelly, la bella y rica norteamericana; pero siempre fueron pensamientos fugaces que pasan por su mente inestable y que rápidamente desechaba con fuertes sentimientos de culpa. No obstante, ahora es una idea que se queda con él, se concretiza en el deseo de encontrar "algún medio" para eliminarla; es el comienzo de la premeditación:

> Entonces de nuevo surgió el pensamiento monstruoso ya rechazado con horror otras veces: quería ver morir a Gabriela, hacerla desaparecer, por algún medio, sin que ella supiera... matarla. El corazón le latía apresuradamente y sentía la boca llena de saliva... (p. 326).

Con estas palabras termina el cuarto capítulo (cuarta parte), en el siguiente Angel se encuentra en pleno proceso conspirativo para asesinar a Gabriela.

Personaje clave en el relato es don Leonidas, el padre de Gabriela, ya que se convierte en una voz profética que advierte a su hija de la tragedia que más tarde va a desarrollarse en su matrimonio. Unido a esto, sin embargo, su presencia tiene un sentido más amplio: cumple una función portadora de la perspectiva ideológica de la novela, anunciando con su voz autorizada de hombre viejo un estado de "ser" y "deber ser" del mundo. A pesar de la breve presencia que tiene en el relato, en don Leonidas se reproduce a una figura que encierra las virtudes de un pasado inmediato, distinto al signo de decadencia que lleva la sociedad actual.

Los detalles que el narrador entrega sobre don Leonidas, lo vinculan directamente a la oligarquía terrateniente: "Su familia, desde su llegada a Chile, hacía dos siglos, se había entregado a la agricultura..." (p. 34). Provenientes de estos antepasados, los cuales habían ocupado "...puestos de honor durante la colonia y en la patria vieja..." (p. 34), el personaje "...tenía el orgullo feroz de los antiguos encomenderos y conquistadores españoles..." (p. 34). Aunque el narrador, movido por su mirada objetiva, constata el orgullo como manifestación del despotismo del espíritu medieval, busca poner en evidencia algo esencial de este pasado: la dureza de la existencia, constituida en una forma rústica y frugal de vida. Elemento, este último, que se precisa cuando destaca que estas antiguas familias trataban "...de aprovechar hasta las utilidades más ínfimas..." (p. 34) en la actividad agrícola. El viejo encarna esta tradición y, en tal medida, surge como contraste a la realidad actual. Incluso detalles insignificantes que se dan sobre sus costumbres tienden a fijarlo en esta función: "...don Leonidas recibía con largueza propia de caballeros antiguos. La comida era rústica, pero en abundancia..." (p. 53). Por ello mismo, con la excepción de Leopoldo Ruiz, a quien discutiremos más adelante, en él se destaca un hecho significativo inexistente en todos los demás personajes: su valor por el trabajo. Su fortuna y los "goces" que ésta le ha brindado se legitiman en la virtud del esfuerzo individual, a diferencia del dinero "mal ganado" que se fustiga en toda la narración. En la reflexión que él hace de su vida, presintiendo la cercanía de la muerte, se expresa dicha idea, lo cual, significativamente, se dice justo antes de que se hagan las referencias a sus antepasados:

> Le sería preciso abandonar honores, fortuna, y goces conquistados con tan rudo e infatigable batallar, en pos de cincuenta años de faenas campestres, mezclados con aventuras políticas, en el momento que su familia se encontraba grande y las muchachas quizás próximas a casarse (p. 34).

Leonidas Sandoval había sido diputado y ministro. La mención de sus "aventuras políticas" aluden a esta actividad. Además de servir como rasgo conformador del personaje terrateniente en relación al poder político, es un elemento que historiza de una época   anterior a la presente y que el narrador precisa como el momento en "...que los Ministerios duraban varios años y no meses como ahora" (p. 35). Es decir, es un dato histórico que se refiere a la época   precedente al salitre, concretamente a la llamada República Liberal. Por su edad, don Leonidas, hoy retirado de la vida pública, habría desarrollado su actividad política durante dicho período.

Considerando los rasgos del rico terrateniente, la fuerza de su carácter, el espíritu emprendedor y tradicional, y el hecho de que no aparece descrito con el signo de la decadencia que afecta a la totalidad del mundo, en él sin duda subyace la valoración de virtudes indicadoras de un pasado estable y de progreso. Empero, esto no refleja una visión idealizada, simplemente el narrador quiere hacer valer un hecho "objetivo". Por esta razón, se narran también ciertos elementos de su vida pública que revelan corrupción pero más que esto, el dominio que su sector social tenía sobre la política, como un acto de "...servir a sus propios intereses personales..." (p. 35) que involucraban "negocios harto enredados y turbios..." (p. 35), votando "...sin vacilación los poderes más vergonzantes falsificados por los amigos del Gabinete..." (p. 35); todo esto, "...a pesar de ser hombre personalmente honrado..." (p. 35).

Poco antes de morir, don Leonidas tiene la conversación con Gabriela donde, percibiendo el enamoramiento de la hija con Angel, la aconseja con su voz de hombre conocedor del mundo. En la extensa admonición que hace sobre "....los jóvenes del día..." (p. 39) irá conjugando la misma visión social que se relata en la vida del matrimonio y de los otros personajes. Fustiga con tono a veces despiadado "...la defectuosa organización de la sociedad..." (p. 38), poseída por el lujo, el derroche y el ocio. Habla de un tipo de joven, el cazador de dotes, como Angel, que:

> Está careado hasta la médula, como diente viejo, por la depravación, por cálculo, por deseo de surgir, de alcanzar honores y fortuna sin recurrir al trabajo; por brutal y egoísta anhelo de los parásitos sociales que se aferran a los vestidos de las mujeres... (p. 39).

Ellos, según él, "...forman legión, son tan innumerables como las estrellas en el cielo y como las arenas del mar" (p. 41). Da testimonio de parejas que se han dejado arrastrar

152

por el derroche y la especulación: "... más de una conozco en la miseria, pues el rico en malas especulaciones y en derroche ha perdido toda su fortuna. El capítulo de lujo abre pesada y ancha brecha en la vida santiaguina" (p. 39).

El conocimiento del mundo de don Leonidas se afirma en la misma verdad cientifista del narrador. En los consejos que da a Gabriela, uno a uno, surgen los factores que determinan la existencia humana: herencia, medio y educación. La muchacha, ingenua y sentimental, desconoce esta "terrible verdad," reflejo de su tragedia posterior, a la cual se refiere cuando declara con sentencioso tono paternal: "Tú no conoces el mundo, hija mía, ni sabes lo que es la existencia..." (p. 38). Al igual que el narrador, unida a esta visión de mundo, don Leonidas rechaza el concepto de libre albedrío como una forma de pensamiento negadora de la causalidad cientifista, hecho que expresa en el lacónico comentario: "mira, hija, no es que seamos libres..." (p. 39).

En el fondo de las ideas críticas del viejo terrateniente, se halla un valor ya repetido en el transcurso de este estudio: el trabajo humano inserto en el concepto de la lucha por la vida —otra "verdad científica"—, elemento categorial no sólo subyacente en la misma caracterización del personaje y en la perspectiva de su crítica, sino que emerge como afirmación explícita al final del diálogo que mantiene con Gabriela. De aquí surge la oposición a lo que representa Angel y la homología con ese otro personaje discutido en el capítulo anterior: Bernabé Robles, con su sello de *self made-man*, de *homo economicus* e, incluso, de reinvindicador social. Es en realidad el Dr. Blume, cuando le habla a Bernabé y a su hija afirmando estas virtudes, el que reaparece con Don Leonidas al decir:

Felizmente hay otro número de hombres que a mí me gusta; los de combate, los que se agarran mano a mano con la vida, sin pararse en barras y luchan contra todas las dificultades, la pobreza, la indiferencia de los más, el egoísmo general el eterno desdén de los que han nacido más arriba y se consideran senmidioses por el hecho de haberse criado en cuna dorada (p. 42).

Aquí no se describe otra cosa que la figura triunfadora de un Bernabé Robles en lucha "contra todas las dificultades", incluyendo, el "desdén" de ese personaje "nacido en cuna dorada" llamado Juana María Urquízar. Inmediatamente después de estas palabras, don Leonidas vincula a este tipo de hombre virtuoso con el de reivindicador social:

> Esos que dan y reciben golpes sin pedir cuartel, y que suben a fuerza de talento, de estudio, de constancia y de trabajo me agradan a mí en extremo; esos que van con los pantalones remendados y zapatos de doble suela, tiritando de frío, a sus clases de medicina; esos que se levantan con el alba a estudiar y que sueñan con redimir el mundo y con poner algún día su patria a la cabeza del continente, mientras golpean, una contra otra, sus manos azuladas por el frío, esos me son simpáticos (p. 42).

Luego, vuelve a retomar la crítica sobre su propio sector de clase y alude con tono profético a lo que va en realidad a causar la desgracia de Gabriela:

> Esta especie de hombres no será la que tú encuentres en el camino, y si la hallaras, acaso tu madre y toda la familia te moviera guerra, pues nosotros no aceptamos sino a los bien nacidos, a los adinerados, a los vencedores, no a los que pueden vencer; a los de cuna dorada, a los que juntan halagos de la juventud y de dinero al prestigio de nombre heredado y formado desde antaño (p. 42).

De la función que don Leonidas cumple en el relato, surge una interrogante que no deja de ser curiosa: ¿por qué Orrego Luco recurre a un personaje de la más rancia oligarquía terrateniente para convertirlo en figura positiva, que no sólo señala los defectos de su propio sector social, sino también es portador de la verdad del mundo? Situación narrativa que aunque obvia, sea dicho de paso, no ha sido tomada en cuenta por la crítica. Se podría pensar que es la respuesta del escritor para encontrar la voz autorizada de un personaje proveniente de "adentro" del grupo social que es objeto de la visión crítica. Sin embargo, creemos, que la explicación hay que buscarla en el texto mismo, en la representatividad de don Leonidas, en su vínculo con el pasado donde la sociedad era otra, sana y frugal, de hombres duros, batalladores y esforzados.

Leopoldo Ruiz, a pesar de que su presencia en la novela se limita a unas cuantas escenas dispuestas al comienzo y final de la narración, es una figura importante porque, junto a don Leonidas, se destaca en contraste a la decadencia de los otros personajes. Y, justamente, en los escasos momentos que aparece integrado al relato, ello se justifica en cumplimiento de esta función, especialmente en lo que respecta a la vida de Angel y Gabriela. Por consiguiente, él también es un personaje positivo, portador de una cierta virtuosidad que lo vincula a los valores del pasado.

Los primeros detalles sobre la personalidad de Ruiz, se entregan en el fundo de don Leonidas, lugar y momento donde Angel y Gabriela se declaran su amor. En medio del refinamiento, banalidad, conversaciones vacuas y desconocimiento de la vida ruda del campo de los jóvenes aristócratas que allá se reúnen Leopoldo surge distinto: rústico, sencillo y falto de belleza física. En época pasada, él había cortejado a Gabriela sin que ella correspondiera al "rústico cariño" que le ofrecía. Refiriéndose a las bromas de que era objeto por causa de su amor, el narrador puntualiza el carácter templado y algo bonachón de su personalidad porque, a pesar de ser rechazado, "...tomaba las cosas con buen humor" (p.16).

Orrego Luco, asimismo, enlaza la vida de Ruiz a la de Angel Heredia: habían sido condiscípulos en el colegio. Percatado del enamoramiento de Gabriela, considera a Heredia un rival no digno de la mujer por cuanto conoce sus desviaciones morales, mostradas ya en la época de estudiante. Incluso, a través de los recuerdos que hace en la escena del fundo, se pone al lector por primera vez en conocimiento de la personalidad de Angel:

> Pero en su carácter, en su manera de ser tenía algo raro, cosas incoherentes que no le agradaban. Gozaba de prestigio entre los Padres Jesuítas por exaltaciones místicas, por composiciones en verso a "Santa Teresa," "Al triunfo de Dios vivo y del altar". Pero ese místico que solía ir a la capilla a rezar las Ave Marías en cruz, tenía temporadas de calaveradas terribles, de sensualismo desenfrenado y extraño, como si padeciera lesión nerviosa en su organismo entero (p. 56).

Leopoldo desaparece del relato totalmente después de esta escena para reaparecer sólo al final cuando la tragedia del matrimonio está consumada. En contraste, él había conseguido la felicidad en compañía de Pepita Alvareda, prima de Gabriela. En la descripción de la pareja, y considerando también toda la representatividad de Leopoldo, se puede percibir un ingenuo proceso de idealización: "Era matrimonio dichoso, tenían un niño y se querían tiernamente" (p. 302). Alcance importante porque implica un juicio de valor único, sin otro ejemplo, en la totalidad de ese espacio ocupado por hombres y mujeres concupiscentes. En el momento de su desgracia, Gabriela acude a esos dos seres "nobles", "comprensivos" y "sobrios". Ella, entonces, reflexiona mirando en forma distinta al hombre que antes la había cortejado, reconociendo en esa "alma noble" y rústica una existencia auténtica.

En cierta medida, Ruiz resulta como personaje un misterio porque no se construye en torno suyo una fábula; fuera de los datos que hemos entregado, no se saben otros, ni de familia —excepto que por asociación debe pertenecer a la aristocracia terrateniente— ni de actividad económica. Sin embargo, además de los rasgos que conforman su personalidad, hay indicios a nivel implícito que es un hombre productivo, probablemente dedicado a la agricultura, y que goza de una fortuna sólida.

El detallismo con que se describe el mundo de los objetos es un aspecto sobresaliente en *Casa Grande*, a tal punto que para el investigador interesado en documentar los hábitos de consumo y las modas de la época, la novela debería ser una fuente importante de información. Pero, la intencionalidad en todo esto, no se constituye en una mera adecuación al costumbrismo; al contrario, tiene un contenido específico en el hecho que los objetos que se describen son extranjeros, especialmente europeos. Por consiguiente, son fijaciones detallistas que encierran un plano narrativo crítico dirigido a un sector social que sólo "consume", no lo propio, sino todo aquello que proviene de las "civilizaciones más avanzadas". En este tópico se centra la visión de una sociedad que ha perdido su "identidad", su "esencia nacional", acotando el pensamiento de Encina. Ello es un reflejo más del desequilibrio moral y se remite a algo ya señalado al discutir a Leopoldo Ruiz y don Leonidas, es un trasfondo de conflicto entre la esencia de lo nacional y las fuerzas de culturas importadas que nefastamente la destruyen y generan estados perturbadores de la moral.

Este conflicto se pone en evidencia en la primera escena, en la Noche de Pascua, cuando los jóvenes muestran su desprecio por lo autóctono, expresado en las formas culturales en que el pueblo celebra dicha ocasión. Perspectiva que se revela especialmente en Sanders, descrito como un verdadero fantoche, amanerado y afrancesado, que se extiende a un desdén por todo lo nacional:

> En la ciudad prefiero el *confort*, la vista de las *bellas* y las
> *toilettes* confeccionadas por Paquin o por Laferriere. ¡Ah!...sí...,
> esta ciudad Santiago es insoportable con sus pavimentos
> horribles que lo hacen a uno remecerse en el carruaje. No
> digo nada de estas fiestas populares que uno anda revuelto
> con todo el mundo. ¡Que ordinaria y vulgar es la gente! Me
> gusta más decididamente la del *Palais de Glace* o la que uno ve
> pasar con el *coin* del Cafe de la Paix... ¡Ah! si...—con esto
> Sanders se ajustó el monóculo en el ojo izquierdo (pp. 19-20).

Leopoldo, quien se encuentra entre el grupo de jóvenes,
es el único que no comparte esta visión. El responde con
estas palabras:

> Soy chileno y castizo como ninguno, partidario de las
> empanadas de horno, del arrollado, de las humitas, del
> huachalomo salpreso, de la zamacueca y del canto con arpa y
> guitarra y tamboreo por lo fino y horchata "con malicia". Ni
> por nada me iría a Europa, ni mucho menos a París, para
> volver con un vidrio en el ojo, como el joven Sanders, y
> encontrándolo todo malo... (p. 22).

Hay que insistir, el comentario de Leopoldo no está en
función de recrear a un "tipo" en el sentido costumbrista,
sino en el marco de lo que representa, de sus valores
"nacionales." Ello lo convierte en personaje positivo, que
explica que sea el único de esos jóvenes no tocado por el
desequilibrio moral, signo posterior de su vida "feliz".

En forma reiterada, el mundo de los objetos que se
describe aparecen proyectados como parte del fondo
decadente de la existencia de la oligarquía. Casi todos ellos
se identifican en función de la eurofilia de sus poseedores[44].
Ejemplo, es el cuarto de Magda, hermana de Gabriela,
quien es definida como una mujer esclava de la moda y
consagrada al culto de la elegancia:

> Largos *stores* Medicis, de color crema con encajes de
> fantasía sobre tul bordado, con incrustaciones de motivos
> Cluny, caían sobre las varillas de bronce de cortinitas
> llamadas por los franceses *brise-bise*, hechas de género
> bordado y encaje milanés... (p. 109).

Otro ejemplo surge de uno de los *five-o'clock-tea* que da
Olga Sánchez, cuya existencia la dedica "...al supremo y
decidido propósito de ser "mujer de buen tono" (p. 163). De
la detallada descripción de los objetos exóticos que adornan

su casa, sobresale la mención —con claro sentido irónico—
de una vitrina ocupada por:

>...monitos de porcelana de Sajonia, tazas de Sèvres con
>marca y la especial del servicio del Rey; pocillos españoles,
>dorados por dentro; vieja loza de Talavera; porcelanas de
>Capo-di Monti y una tacita legítima con relieves de danza
>griega, de Wegwood, que valía por todos los objetos allá
>encerrados en obedecimiento a los preceptos siempre
>tiránicos de la moda que acomsejaban la vuelta a lo antiguo,
>con el famoso grito de Gabriel d'Annunzio: *Ritorniamo a lo
>antico*...(p. 163).

El culto por la imitación de lo europeo, satura la
existencia de todos esos personajes. Se documentan en lo
que leen, revistas de origen francés como "La Ilustración
Francesa" y "La Mode"; en lo que visten y en el lenguaje,
lleno de galicismos; en la trasmisión de ciertos vicios, el
juego y el cigarrillo entre las mujeres. Incluso, en la vida de
Angel, ya que se puede vincular a sus amantes que se
nombran, ambas extranjeras; la artista italiana y Nelly, la
norteamericana. Asimismo, sus momentos de mayor
libertinaje se narran en el ambiente parisino cuando realiza
el viaje a Europa[45]. En este contexto, lo "nacional" aparece
como perimido o inexistente.

En suma, en la actitud crítica que se percibe frente a lo
foráneo —en verdad, conflicto entre una sociedad
productora y otra consumidora— subyacen elementos de un
discurso nacionalista integrado a las figuras de Leopoldo
Ruiz, don Leonidas y ese hombre "ideal" que el viejo
terrateniente reivindica ante su hija. Son ellos, en su
conjunto, los que reúnen las virtudes necesarias para
construir una sociedad productora, signo del progreso.
Debemos aclarar que este tema no implica un
tensionamiento mostrador de una actitud anti-imperialista,
y de hecho en las otras novelas analizadas tampoco existe,
sino es un referente —volviendo a Encina— comprendido
como fuerza desquiciadora de la moral, o muestra del
desequilibrio que se produce cuando una sociedad entra en
contacto con otra superior.

Podemos afirmar que *Casa Grande* revela una postura
básica frente a la oligarquía: historizar a dicho sujeto en un
período específico de la dinámica social. El título que le
hemos dado a estas páginas se adecúa a esta proposición,
por cuanto historizar en este caso específico involucra la

presencia de un aparato conceptual que afirma la decadencia de este sujeto en el ámbito de la racionalidad causa-efecto. Por ello, la obra, considerando su organicidad cientifista-naturalista, es prescriptiva. Prescribe los "determinantes" que asume un sector de clase para dar cuenta de una forma de vida, el de la vieja aristocracia, que ha devenido inadecuada, especialmente en cuanto a expresión negadora de una moral naciente virtualizada en *homo economicus* como engendro de la lucha por la vida, totalidad valórica que se erige en modelo de una nueva realidad social.

NOTAS

[1] Eugenio Orrego, "Don Luis Orrego Luco, Atenea 228 (junio 1949), p. 473.

[2] Emilio Vaisse, "Casa Grande," *Anales de la Universidad de Chile*, sumario de los números 69-72 (1948), p. 239. Como dato interesante en la perspectiva de nuestro análisis, en este sumario, dedicado en parte en homenaje a Orrego Luco, se reproduce el discurso que Arturo Alessandri pronunció ante la tumba del escritor. Entre las cosas que él destaca sobre la obra del autor, se reitera el contenido de los juicios de Eugenio Orrego y Vaisse: "...debo afirmar con profunda sinceridad que Luis Orrego es, a mi juicio, nuestro primer novelista, el más ilustre y grande de todos; mayor que Blest Gana. *Casa Grande* es una obra que tuvo éxito inmenso y continúa teniéndolo hoy y lo tendrá siempre, porque posee méritos artísticos y un valor histórico, como retrato de una sociedad y de una época, que difícilmente podrán ser igualados", p. 267 Asimismo, alude a su condición de escritor social comprometido cuando agrega que "...supo retratar en forma acabada no sólo al mundo aristocrático, en el que había nacido y cuyos errores condenó con valentía, sino también al roto, sufrido y trabajador, por el que tuvo siempre una simpatía noble, comprensiva y generosa", p. 267.

[3] Juan Armando Epple, "La narrativa chilena: historia y reformulación estética", *Tradición y marginalidad en la literatura chilena del siglo XX* (Los Angeles, California: Ediciones La Frontera, 1984), p. 3.

[4] Domingo Melfi, *Estudios de literatura chilena* (Santiago: Nascimento, 1938), p. 82.

[5]*Ibid.*, pp. 82-83. En un análisis intrascendente y con más de un equívoco en la interpretación de la trama, Víctor Valenzuela, *Cuatro escritores chilenos* (New York: Las Americas Publishing Co., 1961), llega a una conclusión parecida a la de Melfi: "...La novela ha quedado como uno de los más serios documentos sociales de costumbre, especialmente, de la aristocracia chilena de principio de siglo", p. 30.

[6]Vicente Urbistondo, *El naturalismo en la novela chilena* (Santiago: Andrés Bello, 1966), p. 94.

[7]*Ibid.*, p. 68. Una perspectiva similar se puede encontrar en el libro de Guillermo Ara, *La novela naturalista hispanoamericana* (Buenos Aires: Universitaria, 1965), pp. 44-46. En esta misma línea psicologista, aunque limitada al tema del matrimonio, se ubica el breve comentario que le dedica a la novela Raúl Silva Castro, *Panorama literario de Chile* (Santiago: Universitaria, 1961), pp. 224-225.

[8]Cedomil Goic, *La novela chilena: los mitos degradados*, 3a ed. (Santiago: Universitaria, 1971), p. 75.

[9]*Ibid.*, p. 75.

[10]*Ibid.*, p. 75.

[11] *Ibid.*, p. 94.

[12] *Ibid.*, p. 94

[13]*Ibid.*, p. 95

[14]*Ibid.*, p. 95.

[15]*Ibid.*, p. 95-96.

[16]*Ibid.*, p. 96.

[17].*Ibid.*, p. 96. La oposición entre "verdad científica" y el modo de existencia engañosa que lleva la aristocracia, Goic lo analiza, también, basándose en el título "Vida y sombra" que introduce el segundo tomo de la novela, cuya referencia es a un verso de Quevedo (*Libro de Job*) que Orrego Luco utiliza como epígrafe para esta parte.

[18]*Ibid.*, p. 96.

[19]Las páginas que le dedica a la obra Nolasco Cruz, *Estudios de literatura chilena* (Santiago: Nascimento, 1940), revelan el contrapunto a esta constante, ya hecho notar en las obras antes estudiadas: el fondo

católico-conservador de su formación. Aquí, aunque reconoce que la novela "...tiene partes hermosas...," p. 19, sus comentarios se orientan a destacar los "excesos" del texto en relación a la perspectiva crítica que asume ante la aristocracia y el sensualismo que contiene. Refiriéndose a una escena de *Casa Grande*, sobre esto último, por ejemplo, vierte la siguiente opinión: "...tal descripción es repugnante para un católico y de pésimo gusto artístico", p. 9. Al respecto, Vaisse entrega la siguiente observación: "Es imposible negar el calificativo de interesante, y para convencerse de ello, bastaría recordar que, de todas las novelas publicadas en Chile y por chilenos, ella es la que ha provocado más viva discusión en nuestro mundo, p. 230.

[20].Luis Orrego Luco, "La historia de *Casa Grande*", en José Promis, ed., *Testimonios y documentos de la literatura chilena* (Santiago: Nascimento, 1977), p. 197.

[21] Luis Vitale, *Interpretación Marxista de la historia de Chile* (Barcelona: Fontamara, 1980), haciendo valer el carácter histórico-documental de la obra, le dedica a ésta un comentario bastante extenso. Sus conclusiones, no obstante, son radicalmente distintas a las nuestras, ya que la considera en el marco de una visión crítica a los valores burgueses. Véase pp. 30-33.

[22] Francisco Encina, *Nuestra inferioridad económica* (Santiago: Universitaria, 1955), p. 34.

[23]*Ibid.*, p. 5.

[24]*Ibid.*, p. 45.

[25]*Ibid.*, p. 81.

[26]*Ibid.*, p. 93.

[27]*Ibid.*, p. 59.

[28]*Ibid.*, p. 42

[29]*Ibid.*, p. 53.

[30]*Ibid.*, p. 9.

[31]*Ibid.*, p. 9

[32]*Ibid.*, p. 122.

[33] El cese de este desarrollo "espontáneo," Encina lo ubica hacia 1870: "Desde 1870 en adelante, cesa en Chile el desenvolvimiento

espontáneo. El progreso de ser el resultado de las fuerzas propias del organismo. Los cambios de las ideas, en los sentimientos, en las instituciones, en las costumbres, etc., son determinantes por la sugestión extranjera", p. 98.

[34]*Ibid.*, p. 123.

[35]*Ibid.*, p. 123

[36]*Ibid.*, pp. 122-123.

[37]Luis Orrego Luco, *Casa Grande*, 4a edición (Santiago: Nascimento, 1973), p. 34. Todas las citas posteriores provienen de esta edición. Se indicará el número de la página en paréntesis.

[38]Melfi, p. 183.

[39]*Ibid.*

[40] El carácter intransigente y dominante con que se caracteriza a Angel es un rasgo que se ve como sobreviviente del encomendero-señor feudal. A pesar de que dicha institución había desaparecido, perdura en la "...posesión de haciendas, vínculos y mayorazgos, transmitiendo a sus poseedores el hábito del mando autoritario, el despotismo del propietario territorial...", p. 134. Luego, se agrega: "Así se había transmitido entre los Heredias, de padres a hijos, un carácter dominante, imperioso, duro para con los demás, lleno de intransigencias," p. 135.

[41]Este valor carente en la vida de Angel, es un elemento que se reitera en varios momentos de la narración. Otro ejemplo es en la referencia a su matrimonio, a la facilidad con que después de la muerte de don Leonidas, logra casarse con esa mujer poseedora de dote: "Angel no había experimentado, hasta ese entonces, dificultades en la lucha por la vida, en choque de intereses o de ambiciones", p. 137.

[42]Respecto al misticismo de Angel, se señala: "era ardor quemante de espíritu que le abrazaba, exaltado, en las horas profundas y sin remedio; era tradición de sentimientos religiosos, ciega y fanáticamente mantenidos en su familia desde el tiempo de los conquistadores (pp. 223-224).

[43]La violencia de las palabras de Gabriela es visto como parte del proceso de deformación moral que el personaje sufre dentro del "medio". Hecho que el mismo Angel constata en ese momento con la siguiente observación: " ¿Era aquella la Gabriela con quien se había casado?. Pues había sufrido transformación inmensa; tenía *otra* alma, que él no sospechaba, y que le parecía monstruosa", p. 327.

[44]Este hecho resulta evidente en la descripción que antes señaláramos sobre los objetos de arte de imágenes voluptuosas que adornan el estudio de Angel.

[45]Respecto a esto se dice que Angel: "Noche a noche se exhibía en pequeños teatros del Boulevard en compañía de las mundanas más estrepitosamente conocidas, ostentándose con cinismo y desdén del que dirán, tales que dejaban espantados a sus compatriotas", p. 263.

Alegría, Fernando. *La literatura chilena del siglo XX.*. Santiago: Zig-Zag, 1962.

_____. *Las fronteras del realismo*. Santiago: Zig-Zag, 1962.

_____. *Historia de la novela hispanoamericana*, México: Ediciones de Andrea,1966.

Alessandri, Arturo. "Discurso ante la tumba de don Luis Orrego Luco." *Anales de la Universidad de Chile*. 69-72 (1948): 267-269.

_____. *Recuerdos de gobierno*, tomo I. Santiago: Nascimento, 1967.

Amunátegui, Domingo. *El progreso intelectual y político de Chile*. Santiago: Nascimento, 1936.

Angell, Allan. *Partidos políticos y movimiento obrero en Chile*. México: Ediciones Era, 1980.

Ara, Guillermo. *La novela naturalista hispanoamericana*. Buenos Aires: Universitaria, 1965.

Araneda Bravo, Fidel. *Arturo Alessandri Palma*. Santiago: Nascimento, 1979.

Astorquiza, Eliodoro. "*El crisol* de Fernando Santiván." *El Diario Ilustrado* [Santiago, Chile] 21 de noviembre de 1926: 2.

Baeza, Alberto. *Radiografía política de Chile*. México: B. Costa-Amic, 1972.

Barría Serón, Jorge. *Chile Siglo XX*. Santiago: Prensa Latinoamericana, 1973.

_____. *El movimiento obrero en Chile*. Santiago: Colección Trígono, 1971.

Bello Codesido, Emilio. *Recuerdos políticos*. Santiago: Nascimento, 1954.

164

Blanco, Simón. "*El Roto.*" *El Siglo* [Santiago, Chile] 21 de mayo de 1968: 2.

Cabero, Alberto. *Chile y los chilenos.* Santiago: Lyceum, ed. 1955.

Castillo, Homero. *El criollismo en la novelística chilena: huellas, modalidades y perfiles.* México: Ediciones de Andreas, 1962.

Cerda, Mario. "Santiago literario de 1900." *Estudios Filológicos* 2 (1966): 41-61.

Chapman, Arnold. "Observations on the Roto in Chilean Fiction." *Hispania* 32 (1949).

_____. "Don Luis Orrego Luco y la vida en Chile." *Atenea* 90 (1949): 309-314.

Comte, Augusto. *A General View of Positivism.* Trad. J. M. Bridges. London: Trubner and Co., ed. 1965.

Concha, Juan Enrique. "Características sociales de Chile." *Estructura social de Chile.* Ed. Hernán Godoy. Santiago: Universitaria, 1971. 307- 313.

Coutinho, Carlos Nelson. *El estructuralismo y la miseria de la razón.* México: Ediciones de Andreas, 1962.

Cruz Nolasco, Pedro. *Estudios sobre literatura chilena.* 3 vols. Santiago: Nascimento, 1940.

Dávila, Ricardo. *El estado actual de la literatura chilena.* Santiago: Universitaria, 1924.

Délano, Luis Enrique. "Las ideas políticas de Edwards Bello." *Ultima Hora* [Santiago, Chile] 5 de diciembre de 1968: 3.

Díaz Arrieta, Hernán. *Panorama de la literatura chilena durante el siglo XX.* Santiago: Nascimento, 1931.

_____. *Historia personal de la literatura chilena.* Santiago: Zig-Zag, 1954.

_____. "*Robles, Blume y Cía* novela por Fernando Santiván." *La Nación* [Santiago, Chile] 7 de marzo de 1923: 4.

_____. *Historia personal de la literatura chilena*. Santiago: Zig-Zag, 1954.

Díaz, Miguel Angel. "Vida y obra de Fernando Santiván." *Occidente* 239 (1972): 20-27.

Donoso, Ricardo. *Alessandri, agitador y demoledor*. México: Fondo de Cultura Económica, 1952.

Durand, Luis. "Apreciación del roto." *Atenea* 138 (1937): 28-41.

Echaiz, León, ed. *Pensamiento de Alessandri*. Santiago: Gabriela Mistral, 1974.

Edwards Bello, Joaquín. *El Roto*. Santiago: Universitaria, ed. 1968.

_____. *El nacionalismo continental*. Santiago: Ercilla, ed. 1935.

Encina, Francisco. *Nuestra inferioridad económica*. Santiago: Universitaria, 1955.

Epple, Juan Armando. "La narrativa chilena: historia y reformulación estética." *Tradición y marginalidad en la literatura chilena del siglo XX*. Los Angeles, California: Ediciones de La Frontera, 1984: 3-6.

Faletto, Enzo y Eduardo Ruiz. "La crisis de la dominación oligárquica." *Génesis histórica del proceso político chileno actual*. Santiago: Quimantú, 1972.

Fernández Retamar, Roberto. *Para una teoría de la literatura hispanoamericana y otras aproximaciones*. La Habana: Casa de las Américas, 1975.

Galdames, Luis. *Historia de Chile*. Santiago: Zig-Zag, ed. 1984.

García Oldini, Fernando. *Doce escritores hasta el año 1925*. Santiago: Nascimento, 1929.

Gil, Federico. *The Political System of Chile*. Boston: Houghton Mifflin Co., 1966.

Godoy Urzúa, Hernán, ed. *El carácter chileno*. Santiago: Universitaria, 1976.

_____, ed. *Estructura social de Chile*. Santiago: Universitaria, 1971.

Godoy, Pedro. "Edwards Bello nacionalista latinoamericano." *La Discusión* [Chillán, Chile] 14 de octubre de 1968: 3.

Goic, Cedomil. *Historia de la novela hispanoamericana*. Santiago: Ediciones Universitarias de Valparaíso, 1972.

_____. *La novela chilena: los mitos degradados*. Santiago: Universitaria, ed. 1975.

Goldmann, Lucien. *Para una sociología de la novela*. Madrid: Ciencia Nueva, 1964.

Gramci, Antonio. *Antología*. Ed. Manuel Sacristán. México: Siglo Veintiuno, ed. 1981.

Gutiérrez Girardot, Rafael. "Literatura y sociedad en Hispanoamérica." *Cuadernos Hispanoamericanos* 75 (1968): 579-594.

Hauser, Arnold. *Historia social de la literatura y el arte*. 3 vols. Madrid: Guadarrama, 1975.

_____. *Sociología del arte*. 2 vols. Madrid: Guadarrama, 1975.

Huneeus Gana, Jorge. *Cuadro histórico de la producción intelectual de Chile*. Santiago: Biblioteca de Escritores de Chile, 1910.

Jobet, Julio César. *Precursores del pensamiento social de Chile*. Santiago: Universitaria, 1956.

_____. *Ensayo crítico del desarrollo económico-social de Chile*. Santiago: Universitaria, 1955.

Kramarenko, José. "Edwards Bello ideólogo." *El Magallanes* [Punta Arenas, Chile] 29 de noviembre de 1971: 3.

Larrea, María Isabel. "Santiván o la realidad de un héroe." *El Sur* Concepción, Chile, 2 de julio de 1973: 5.

Latcham, Ricardo. "Historia del criollismo." *Anales de la Universidad de Chile* 94 (1954): 3-22.

Latcham, Ricardo, Ernesto Montenegro y Manuel Vega. *El criollismo*. Santiago: Universitaria, 1956.

Latorre, Mariano. *La literatura de Chile*. Buenos Aires: Coni, 1941.

Letelier, Valentín. "Los pobres." *Estructura social de Chile*. Ed. Hernán Godoy. Santiago: Universitaria, 1971. 272-282.

Lukács, Georg. *Problemas del realismo*. México: Fondo de Cultura Económica, 1966.

_____. *Teoría de la novela*. Buenos Aires: Ediciones Siglo Veinte, ed. 1966.

Mac-Iver, Enrique. "Discurso sobre la crisis moral de la República." *Estructura social de Chile*. Ed. Hernán Godoy. Santiago: Universitaria, 1971. 283-291.

Marcuse, Herbert. *Reason and Revolution*. New York: Humanities Press, ed. 1968.

Marx, Carlos. "El dieciocho Brumario de Luis Bonaparte." *Obras escogidas*. México: Ediciones de Cultura Popular, s/f. 93-185.

Marx, Carlos y Federico Engels. *La ideología alemana*. México: Ediciones de Cultura Popular, ed. 1979.

Melfi, Domingo. *Estudios de literatura chilena*. Santiago: Nascimento, 1938.

168

____. "La novela *Casa Grande* y la transformación de la sociedad chilena." *Anales de la Universidad de Chile* 69-72 (1948): 239-257.

Merino Reyes, Luis. "Fernando Santiván escritor sureño." *Atenea* 431 (1975): 123-131.

Morand, Carlos. *Visión de Santiago en la novela chilena.* Santiago: Ediciones Aconcagua, 1977.

Morales, Leonidas. "La ciudad y el paisaje en la obra de Santiván." *Atenea* 417 (1967): 77-91.

Moretic, Yerko. "El Roto." *El Siglo* [Santiago, Chile] 9 de junio de 1968: 14.

Morris, James O. "La cuestión social." *Estructura social de Chile.* Ed. Hernán Godoy. Santiago: Universitaria, 1971: 251-265.

Orlandi, Julio y Alejandro Ramírez. *Joaquín Edwards Bello: obra, estilo, técnica.* Santiago: Editorial del Pacífico, 1958.

____. "Trayectoria de Joaquín Edwards Bello." *Atenea* 389 (1960): 153-168.

Orrego Luco, Augusto. "La cuestión social en Chile." *Estructura social de Chile.* Ed. Hernán Godoy. Santiago: Universitaria, 1971. 223-231.

Orrego, Eugenio. "Don Luis Orrego Luco." *Atenea* 228 (1949):473-491.

____. "Don Luis Orrego Luco." *Atenea* 287 (1949): 229-304.

Orrego Luco, Luis. "La historia de *Casa Grande.*" *Testimonios y documentos de la literatura chilena.* Ed. José Promis. Santiago: Nascimento, 1977. 194-199.

____. *Casa Grande.* Santiago: Nascimento, ed. 1973.

Osses, Mario. "*El crisol* de Fernando Santiván, Nascimento." *La Nación* [Santiago, Chile] 11 de octubre de 1953: n. pág.

Palacios, Mariano. *Raza chilena*. Valparaíso: Imprenta de Gustavo Schafer, 1904.

Perus, Francoise. *Literatura y sociedad en América Latina*. México: Siglo Veintiuno, 1976.

Petras, James. *Politics and Social Forces in Chilean Development*. Berkeley: University of California Press, 1960.

Pinochet, Tancredo. *Oligarquía y democracia*. Santiago: Casa Editora Tancredo Pinochet, s f.

____. *La hacienda de Su Excelencia*. Santiago: Casa Editora de Tancredo Pinochet, s/f.

Pinto, Aníbal. "Desarrollo económico y relaciones sociales." *Chile Hoy*. México: Siglo Veintiuno, 1970.

Portelli, Hugues. *Gramsci y el bloque histórico*. Trad. María Braun. México: Siglo Veintiuno, ed. 1982.

Promis, José. *La novela chilena actual (Orígenes y desarrollo)*. Buenos Aires: Fernando García Cambeiro, 1977.

____. "Sobre *El Roto*, los rotos y el rotismo." *La Unión* [Valparaíso, Chile] 16 de junio de 1968: 11.

Ramírez Necochea, Hernán. *Historia del imperialismo en Chile*. Santiago: Austral, 1960.

____. *Balmaceda y la revolución de 1891*. Santiago: Universitaria, 1958.

Rossel, Milton. "Significación y contenido del criollismo." *Atenea*, 358 (1955): 9-28.

Roxborough, Ian, Philip O'Brien y Jackie Roddick. *Chile: The State and Revolution*. London: The Macmillan Press Ltd., 1977.

Sabella, Andrés. "Joaquín Edwards Bello y *El Roto*." *El Mercurio* [Calama, Chile] 6 de junio de 1968: 3.

Sánchez Vázquez, Adolfo. *Las ideas estéticas de Marx.* La Habana: Instituto Cubano del Libro, 1973.

Santiván, Fernando. *El crisol.* Santiago: Nascimento, 1926.

____. *Robles, Blume y Cía.* Santiago: Nascimento, 1964.

____. Entrevista. *La Nación,* Suplemento Dominical [Santiago, Chile] 7 de marzo de 1969: n. pág.

____. *Confesiones de Santiván.* Santiago: Zig-Zag, 1958.

____. *Memorias de un tolstoyano.* Santiago: Zig-Zag, 1955.

Sedane, M. A. "Pentágono sobre *El Roto." Atenea* 61 (1930): 57-62.

Segall, Marcelo. *El desarrollo del capitalismo en Chile.* Santiago: Editorial del Pacífico, 1953.

Serrano, Sol. "Arturo Alessandri y la campaña electoral de 1920." *7 Ensayos sobre Arturo Alessandri Palma.* Santiago: Instituto Chileno de Estudios Humanísticos, 1979.

Silva, Jorge Gustavo. *Nuestra evolución político-social (1900-1930).* Santiago: Nascimento, 1931.

Silva Castro, Raúl. *Creadores chilenos de personajes novelescos.* Santiago: Biblioteca de Alta Cultura, s/f.

____. *Panorama literario chileno.* Santiago: Universitaria, 1961.

____. *Retratos literarios.* Santiago: Ediciones Ercilla, 1932.

____. *Historia crítica de la novela chilena.* Madrid: Ediciones Cultura Hispánica, 1960.

Simpson, George. *Auguste Comte Sire of Sociology.* New York: Thomas Y. Crowell Co., 1969.

Solar, Hernán del. *Premios nacionales de literatura.* Santiago: Editorial del Pacífico, 1953.

Teitelboim, Volodia. "La herencia de Santiván." *El Siglo* [Santiago, Chile], 9 de septiembre de 1973: n. pág.

Torres Rioseco, Arturo. *Breve historia de la literatura chilena.* México: Ediciones de Andrea, 1956.

Tzitsikas, Helene. *Fernando de Santiván, humanista y literato.* Santiago: Nascimento, 1971.

Urbistondo, Vicente. *El naturalismo en la novela chilena.* Santiago: Andrés Bello, 1966.

Uriarte, Fernando. "La novela proletaria en Chile." *Mapocho* 4 (1965): 91-103.

Vaisse, Emilio. *La vida literaria en Chile.* Santiago: *La Ilustración,* s/f.

_____. *Estudios críticos de literatura chilena.* Santiago:Nascimento, 1961.

_____. *"Robles, Blume y Cía,* novela por Fernando Santiván." *El Mercurio* [Santiago, Chile] 8 de octubre de 1923: 3.

_____. *"Casa Grande." Anales de la Universidad de Chile* 69-72 (1948): 225-238.

Valente, Ignacio. "Edwards Bello *El Roto." El Siglo* [Santiago, Chile] 29 de mayo de 1968: 9.

Valenzuela, Víctor. *Cuatro escritores chilenos.* New York: Las Américas Publishing Co., 1961.

Venegas, Alejandro. *Sinceridad.* Santiago: Imprenta Universitaria, 1910.

Vitale, Luis. *Interpretación marxista de la historia de Chile,* tomo V. Barcelona: Fontamara, 1980.

Watt, Ian. *The Rise of the Novel.* Berkeley: University of California Press, ed. 1974.

Yankas, Lautaro. "Literatura chilena de contenido social." *Atenea* 187 (1941): 114-132.

172

Yáñez, Eliodoro. *La autoridad y la libertad en la constitución política del Estado*. Santiago: Zig-Zag,1944.

Yáñez, Nathanael. "*Robles, Blume y Cía* novela por Fernando Santiván." *El Diario Ilustrado* [Santiago, Chile] 18 de octubre de 1925: 4.

Zea, Leopoldo. *El pensamiento Latinoamericano*, tomo 2. México: Pormaca, 1965.

Zola, Emilio. *La novela experimental*. Santiago: Biblioteca Popular Nascimento, 1975.